上海市中小学幼儿教师奖励基金会
上 海 市 校 外 教 育 协 会 编
上 海 市 科 技 艺 术 教 育 中 心

上海市校外课外教育探索成果集

实践与创新

（七）

Shanghai Shi Xiaowai Kewai
Jiaoyu Tansuo Chengguoji
Shijian yu Chuangxin

上海社会科学院出版社

为『实践与创新』题

开创校外教育可
持续发展新局面

柳斌

榮寶齋

明校内外教育协同体系
研校外教育之理论实践

许丽娟
二〇二一年三月

建立校内外联动教育机为育德育人

二〇二二年四月 王崇敏

序言

以教科研促教师专业发展，以教科研促教育质量提升

为贯彻党的二十大精神，落实中共中央、国务院《关于全面深化新时代教师队伍建设改革的意见》精神，进一步加强本市校外课外教育师资队伍建设，提升校外课外教师的综合素质，持续推进本市校外课外教育科学研究工作，推动本市校外课外教育事业的健康发展，市校外教育协会和市科技艺术教育中心在市中小学幼儿教师奖励基金会的支持下每两年举办一届上海市校外课外教育优秀论文评选活动，至今已举办了七届。广大从事校外课外教育的教师围绕上海教育综合改革，围绕校外课外教育的重点和热点问题，围绕实施综合素质评价、促进学生德智体美劳全面发展等要求，撰写了大量的具有一定理论价值和实践意义的论文，显示了上海校外课外教育的新探索、新实践、新经验和新成果，有效促进了校外课外教师的专业发展，促进了本市校外课外教育质量的提升。

在此，我就校外课外教师专业发展，特别是教科研工作，谈几点想法：

一、校外课外教师应具备先进的教育理念、较强的专业知识和实践能力

过去，校外课外教师特别是校外教育单位教师给人一种“两重两轻”的感觉，即重实践、轻理论，重技能、轻研究。要改变这一状况，就必须从单一的能工巧匠角色，转变为学生校外课外教育的指导者和研究者，转变为学生校外课外活动的管理者和组织者。而要成为理论研究与实践技能兼具的教师，就必须在校外课外教师中积极营造“在理论研究状态下工作、在创新实践状态下工作”的氛围。

在校外课外教育领域，如果没有先进的教育理念指导学生开展活动，那么，你很难成为一名合格、称职的教育工作者。如何才能掌握先进的教育理念？如何才能成为理论研究与实践技能兼具的校外课外教育工作者？如何才能提升每一位从事校外课外教育教师的综合素养？我认为，校外课外教育工作者必须加强学习，刻苦钻研自己所从事活动项目的专业知识，不断扩充和优化自己的知识与技能结构；同时每位教师都应具备并不断提高自己的教育科研能力，在教育活动中不断创造并推广新的校外课外教育活动的方法和模式，不断策划研究能引发学生兴趣、提高学生整体素质的校外课外教育活动方案。

当前，在新形势下，校外课外教育尤其是体制内校外教育机构，面临不断出现的新问题和新矛盾，同时也面临诸多的机遇和希望。譬如，过去长期以来面向青少年的科技艺术等校外活动基本由体制内校外教育机构独家垄断的局面已不复存在，如今不少社会培训机构和社会团体都以极大的热情策划和组织面向中小学生的科技艺术等校外活动，这对体制内校外教育机构形成了冲击，体制内校外教育机构必须充分认清新形势，积极应对新挑战，全面适应新要求；体制内校外教育机构必须通过转型求得发展，对自身的功能重新定位，进一步完善校外教育管理体制，形成校外教育新的运行机制，提升校外活动的教育内涵，整合社会各类教育资源，切实发挥校外教育在促进中小学生身心健康、人格和谐发展过程中的独特作用。

体制内校外教育机构必须转变为面向全体学生，为每一个学生提供科技、艺术、体育和劳动等具有公益性的高质量教育资源，同时又要兼顾对有特长和拔尖学生的培养，另外还要通过对学校课外活动教师的培训和开展教研活动等途径实施对区域内中小学科技、艺术、体育和劳动等课外活动的指导和服务。而要形成这样一种办学模式，要准确地把握这一职能，关键是应努力提升每一位从事校外课外教育教师的综合素养，包括先进的教育理念、较强的专业知识和实践能力。

二、校外课外教师应树立以教育科研促教育质量提升的意识

教师的专业发展需要平台，这一平台除了师资培训和教学研究外，教育科研也是不可或缺的重要抓手，每个从事校外课外教育的教师都应树立以教育科研促校外课外教育质量提升的意识，不断提升自己的教育科研能力。

首先，在推进校外课外教育发展过程中，我们应运用先进的教育理念认真研究如何让校外课外活动更能引发学生的兴趣，如何使校外课外活动在学生的健康成长

过程中发挥更有效的作用。在《实践与创新——上海市校外课外教育探索成果集》中我们欣喜地看到，不少教师勤于学习、善于实践，能够紧扣时代发展脉搏，运用现代教育理念，体现了良好的专业素养、信息意识和创新能力。譬如，有的教师积极遵循学生发展核心素养理念，结合校外课外教育的特质，把学生发展核心素养有机地融入自己的项目教学实践之中；有的教师积极探索"双减"政策背景下发挥校外教育在学校课后服务中的作用，通过为学校提供活动项目和课程资源、提供师资培训和教学研究、骨干教师到学校带教示范等途径，更好地履行对区域内中小学的指导和服务职责，努力提升学校课后服务的效能；有的教师努力尝试突破简单机械的"加法思维"，积极开展线上线下相融合的校外课外教学实践，为校外课外教育提质增效提供了有效借鉴；有的教师在推进校外课外教育数字化、信息化建设方面作了有效的尝试，探索数字化时代科技艺术教育项目课程在虚拟现实环境下进行"沉浸式交互"的实践，使 VR 技术与教学相结合为校外课外教育带来全新的体验和感受。

其次，校外课外教育的科学研究，是以探索教育规律、解决实际问题为目的和导向的创造性活动，每一个校外课外教育工作者，都应不倦地去探索、实践。在《实践与创新——上海市校外课外教育探索成果集》中我们也欣喜地看到，不少教师勤于研究、善于探索，能够运用现代教育的科学理论分析和反思校外课外教育的过程。譬如，有的教师运用 STEM 理念，关注并探索校外课外教育领域各项目间的交叉与融合，培养学生在校外课外活动中跨学科学习、综合运用多种学科知识和技能，并得出了融会贯通和综合运用多种知识和技能是培养创新人才重要环节的科研结论；有的教师运用项目化学习理念，指导学生对校外和课外项目或学科中的驱动性问题进行深入持续地探索，并调动所学的知识、技能、品质等创造性地解决新问题、展示新成果，形成对核心知识和学习历程的深刻理解，进而可以在新情境中进行有效迁移。

新时代对从事校外课外教育的教师提出了更高要求，要求每一位校外课外教师不仅要做到一专多能，具有丰富的教育经验、专业知识和技能，而且应具备较高的教育科研等综合素养。校外课外教师的素质结构应向多元化、深层次方向发展，应成为复合型的人才，这样才能成为一名合格的校外课外教育教师。

三、校外课外教师应树立教科研成果的价值在于应用的理念

教科研成果的价值在于应用。科研成果转化不畅，转化率低是长期困扰我们的问题。倘若教科研成果不能或没有转化为应用，那科研成果就是一堆废纸。有些

教师参与教科研的目的只是为了评职称,应付着去搞一个课题或写一篇论文,这样对工作是起不到什么促进作用的,这样的课题和论文也是没什么价值的,完成后就束之高阁了。开展校外课外教育科研,应记录教育的现象、记录学生参加校外课外活动的体验和感受、记录自己策划组织校外课外活动后的反思等,再把这一切串联起来,加以归纳和研究,并用科学理论进行支撑。我们应鼓励教师开展这样的教育科研。

我们应倡导"研以致用"的科研文化,将科研成果转化到具体的工作之中,去指导实践,通过应用来真正体现科研成果的价值。教师应沉下心来研究校外课外教育的育人规律:研究如何使校外课外活动能更加注重学生的差异性,根据学生的兴趣爱好和个性特长安排各自适合的教育活动;研究校外课外教育如何围绕学生综合素质评价,提供更加丰富多元的教育活动资源;研究在上海教育综合改革中,校外课外教育如何在建立良好的教育生态上有所作为。这些课题都值得我们认真思考和深入研究,并将研究成果转化为指导实践的具体方法。

校外课外教育的科学研究,是以探索教育规律、解决校外课外教育中的重点和热点等实际问题为目的的创造性活动。希望每位校外课外教育教师能将"在教学中研究,在研究中教学"作为自己的工作常态,通过教科研有效促进自身的专业发展;希望每位校外课外教育教师能结合自身的工作实际,积极开展具有科学性、基础性、前瞻性、实效性的研究,有效促进本市校外课外教育的科学健康发展。

当前上海正以创建教育综合改革国家示范区为抓手,承担创建全国教育数字化转型试点区以及国家智慧教育平台试点、教育评价改革试点等重大任务,上海的教育要发挥全国教改试验田作用,在先行先试中率先发展。上海的校外课外教育要在"立德树人"、培养德智体美劳全面发展的社会主义建设者和接班人中发挥不可替代的重要作用。衷心希望每一位校外课外教育工作者要以有理想信念、有道德情操、有扎实学识、有仁爱之心的好教师为示范标杆,着力加强师德师风建设,全面提升专业素养和综合能力,牢固树立以教科研促专业发展、以教科研促质量提升的理念,进一步加强校外课外教育的内涵发展,努力办人民满意的校外课外教育,办学生喜欢的校外课外活动。并积极推动校外课外教育优质资源向周边辐射,在长三角乃至全国发挥示范引领作用。

上海市教育委员会副主任 何鹏景

2023年1月

CONTENTS 目 录

让高质量校外教育惠及更多少年儿童

——中国福利会少年宫校外教育延伸拓展服务的实践与思考

中国福利会少年宫　郑允华

中国福利会少年宫(简称中福会少年宫)是由新中国缔造者之一、国家名誉主席宋庆龄先生亲手创办,毛泽东主席亲笔题写宫名,新中国第一家以“少年宫”命名的综合性、群众性少年儿童校外教育机构。69 年来,始终坚持“实验性、示范性、加强科学研究和对外交往与合作”的办宫方针,以科技、艺术为载体,并通过策划开展以思想道德教育为核心,以培养创新精神和实践能力为重点的丰富多彩的少年儿童群众性文化教育活动,在加强未成年人思想道德建设和全面素质人才培养方面发挥独特作用。

校外教育是我国社会主义教育事业的重要组成部分,是促进未成年人德智体美劳全面发展的重要途径。目前,中福会少年宫每年开展兴趣小组活动百余项,直接服务学员 4 万人次,开展各类主题教育、群众性文化活动逾 300 场次,活动覆盖面近 50 万人次,小伙伴艺术团每年参加各级各类演出和对外交流活动 100 余场,线上线下受众共计 200 余万人次。

为进一步满足人们日益增长的对优质校外教育资源的社会需求,让优质校外教育资源惠及更多少年儿童,中福会少年宫坚持公益普惠、开放协同,发挥主业优势、队伍优势和品牌优势,延长服务手臂,创新工作模式,立足上海,辐射长三角,服务全国。多年来,中福会少年宫用心、用力、用情,通过努力探索和实践,形成了工作特色和成效。

一、立足上海,开展精准对接,实现资源共享

(一)宫校衔接,实现校内外教育互融共通

自 2001 年,中福会少年宫先后与静安、长宁、徐汇、闵行、嘉定、青浦等区的多所

中小学合作，委派优质师资，定期为学校开展教学服务，并搭建实践平台，强化梯队建设，助力构建艺术、科技特色学校、示范基地和学校联盟，形成校内外育人共同体，20年来，培养了一大批品学兼优、特长突出的少年儿童，并助力学校在全国中小学生艺术展演、青少年科技创新大赛等重要活动与重大赛事中摘金夺银。

（二）社区共建，建立“三公里社区校外教育活动圈”

2005年，中福会少年宫为配合上海世博动迁家园建设，率先与闵行区浦江镇人民政府合作，建立浦江青少年活动中心，近年来，又先后与静安寺街道、新江湾城街道、江宁街道合力打造各社区教学点，派驻骨干教师开展教学和管理，弥补社区青少年教育服务的短板，并根据不同乡镇、街道的特点和需求，高位起步，因地制宜，做到各教学点各具特色，成为老百姓家门口的少年宫，体现“人民城市为人民”。

基于实践探索，中福会少年宫完成了上海市社区教育实验重点项目“满足社区多元需求的校外教育差异化服务模式”研究。少年宫与社区合作的创新模式取得了良好社会反响。少年宫的新江湾城教学点自2016年开办以来，已接待来自全国各地和部分东南亚国家的社区教育、校外教育同行参访100余批次。

（三）区域合作，集聚高端资源打造特色项目品牌

自2012年，中福会少年宫携手闵行区教育局与国际知名非营利性艺术教育机构NDI，开展“舞向未来”艺术教育实验项目。项目借鉴国际先进的舞蹈教学方法，邀请国内外舞蹈教育专家定期培训闵行区教师，并开展示范教学。“舞向未来”面向舞蹈零基础的儿童，不论年龄、身材，旨在让每个孩子都有出彩的机会。项目惠及30所闵行区普通中小学的3万余名学生，培训教师近百名。

评估研究显示，“舞向未来”艺术教育实验项目，有效促进了学生身心成长、教师专业发展和学校艺体课程变革，成为闵行区艺术教育品牌项目。

二、辐射长三角，提升服务能级，推动一体化发展

（一）名师效应，实现高质量跨区域的美育实践

2019年起，中福会少年宫将优质艺术教育资源输送到长三角示范区，应上海市青浦区教育局邀请，设立“陈白桦艺术教育工作室”，依托名师领衔及其团队力量，助力青浦区建设学生舞蹈社团，同时为青浦、嘉善和吴江等长三角地区青年教师开展

带教培训，通过做实一小片，辐射一大片，在长三角一体化发展进程中，为跨区域的高质量美育发展探索新路。

（二）服务协调，助力学校少年宫普及性课外活动开展

在上海市文明办、上海市教委和中国福利会的指导下，中福会少年宫协调、服务全市 300 余所市级学校少年宫的发展。2012 年以来，中福会少年宫参与上海市学校少年宫项目策划、教学资源包开发、师资培训、成果展示、评估考核等多项工作，推出《上海市学校少年宫活动资源包》丛书和视频，公益配送至全市各学校，同时，依托上海市学校少年宫联盟，参与策划组织长三角学校少年宫发展论坛和艺术展演。其项目成果《上海市学校少年宫联盟案例》及《上海开发学校少年宫活动资源包案例》入选全国学校少年宫优秀案例。

（三）开放合作，推动区域协同共建共享

为积极响应长三角区域一体化联动的国家战略，中福会少年宫联合浙江、江苏、安徽三省，建立长三角青少年科教共同体，开展小伙伴艺术团“金种子”计划艺术传播活动，整合区域内教育资源，共同为长三角地区师生搭建实践、培训、展示、分享和交流的平台，线上线下，开放合作，共建共享。

三、服务全国，对接国家战略，促进教育均衡发展

自 1995 年起，中福会少年宫创设“流动少年宫”项目。26 年来，顺应时代发展的要求，“流动少年宫”从援建老少边灾地区，服务城市务工人员随迁子女，到关注留守儿童，通过三大载体、六大项目，开展“精准帮扶”，足迹遍及全国 10 个省市，累计服务 30 万人次，荣获全国学雷锋志愿服务“四个 100”先进典型最佳志愿者服务项目。

（一）“流动少年宫”三大载体

物资援助、活动辅导、师资培训。

（二）“流动少年宫”六大项目

1. “春兰计划”：对口支援遵义。4 年间，5 批次共 37 位教师为当地送去 30 场专

题培训、70场示范体验课。

2. “秋实计划”：对口援助贵州赤水、重庆深度连片贫困地区，开展送教支教带教、文化传播和物资捐赠活动。

3. “蒲公英行动”：面向随迁子女学校、特殊学校开展科普教育，坚持17年，累计服务22万人次。

4. “爱心助我高飞”：帮助外来务工子女提升普通话语言表达能力和计算机应用能力，坚持12年，服务万余人次。

5. “未来之星 艺术圆梦计划”：为外来务工子女圆艺术之梦，提供艺术培训和实践舞台。

6. “科技赋能传播行动”：围绕人工智能、STEM等校外科技教育最新探索，共享智慧成果。

在多年实践的基础上，我们以“流动少年宫”为主题，承接并完成教育部规划课题，举办“责任与未来”——校外教育均衡发展主题论坛，凝聚全国同行共识，携手推进校外教育均衡发展。

新时代新征程，新机遇新挑战，对校外教育和校外教育工作者提出了更高的要求。我们将在宋庆龄先生“把最宝贵的东西给予儿童”的校外教育事业中，坚守初心，主动作为，智慧实践，把初心转化为校外教育工作者为党育人、为国育才的使命担当。未来，我们将进一步发挥校外教育独特的育人功能和优势，积极探索高品质服务、高效能辐射、高质量发展的新模式，为培养担当中华民族伟大复兴大任的时代新人不懈努力！

基于问题导向的 STEM 课程“靶向设计”探究

中国福利会少年宫　郑思晨

STEM 是科学(Science)、技术(Technology)、工程(Engineering)、数学(Mathematics)四门学科英文首字母的缩写。科学、技术、工程、数学及其他学科共同构成了我们描述世界、认识世界、改造世界的基石。从这个意义来说,STEM 教育就是培养能够运用跨学科知识进行整合的能力,善于发现问题并能够分析与解决问题的能力,以及适应社会的能力。为此,需要基于 STEM 课程的跨学科特征,不断完善 STEM 课程的主题内容设计。

一、STEM 课程的跨学科特征

STEM 教育聚焦特定问题,引导学生利用多学科知识,跨越学科的界限,综合运用相关知识,提高解决实际问题的能力,即强调以解决问题为核心、以学科融合为关键、以思维整合为基础、以创新创造为目标。跨学科的 STEM 课程,是将“有边界”的学科知识融入“无边界”的内容主题之中,解决真实问题。

以“水”这一主题为例,围绕各自的学科知识,学生在地理课上了解到地形地貌对水资源分布的影响,在物理课上学到水的物理性质及其应用,在美术课上学习如何勾勒出水的线条,在生物课上体验到水是生命之源,在语文课上介绍“上善若水”的故事,在音乐课上通过聆听流水的声音感知大自然的美妙。如果各学科不进行整合,就无法真正融合。多学科知识好比水果拼盘,只是把不同种类的水果放在一起而已,而跨学科则要求有真正意义上的融合,并且解决实际问题,它应该是多种水果打碎搅拌后的果汁。单纯的主题学习课程不一定是真正意义上的跨学科。因此,围绕水这个话题,我们可以从现实情景中提炼出更多的跨学科课程研究视角,整合成全新的STEM课程。而跨学科的STEM课程则会形成如下主题:水,生命之源(整合了物理、化学性质,生物学特点);水资源研究与管理(整合了物理、化学、工程等学科);水与社会、经济(整合了生物、科学与人文等学科);水与文化的共生(整合了科学、人文与艺术等学科)。通过具体的选题和情景的创设,实现各学科的相互渗透与融合。

由此可见,跨学科特征的STEM课程,是基于两种或两种以上学科知识(本身有边界)运用于没有明显边界的内容主题上,旨在促进学生解决真实问题的能力。它既是一种以跨学科意识为核心的课程观,又是一种融综合性与探究性为一体的深度学习方式,还是一种以综合主题为基本呈现方式的活动形态。将"有边界"的学科知识融入"无边界"的主题之中,是STEM课程在内容层面的重要特点之一。

二、STEM课程设计的关键因素

1. 价值认同。课程要通过亲历活动,使学生获得积极的价值体验,增强对中国文化的认同感,形成积极的实践观,根据自身兴趣特长,形成初步的规划意识和能力,体悟个人成长与职业、社会、国家和人类命运共同体的关系,培养国际视野。

2. 学科融合。课程要体现多学科融合的特征,在情境中实现分科知识的整合,开展问题情境下的跨学科项目化活动,引导学生对真实问题的探究以及学会学科知识的迁移,增强对学科学习的理解与兴趣。

3. 解决问题能力。课程要能激发学生从自然、学校、社区及社会、生活现象中,发现、提出感兴趣的问题,将问题转化为小课题、小项目,运用科学方法开展研究,并及时对研究过程及结果进行反思与调整,最终形成比较规范的研究报告等成果的能力。

4. 创意设计。课程要鼓励学生将创造性的思想、理念以设计的方式呈现出来,设计要有层次性、递进性,可以给不同的受众以不同的美好联想。

5. 实践物化。课程要引导学生运用各种工具、工艺(包括信息技术),将创意方案转化为物品或作品。设计主题应鼓励学生动手动脑,灵活运用相关知识和技巧,提高学生的知识迁移能力、技术实践水平,帮助学生体会工匠精神。

以上关键因素如何在课程内容中进行呈现,参见下述案例。

表1 "环保袋制作"设计案例

关键因素	设计意图与基本要求
价值认同	关注"白色污染",渗透环保理念,激发学生保护环境、热爱自然的情感
学科融合	整合技术、化学(科学)、艺术(美术)等相关知识,综合运用于主题作品的设计与制作之中
问题能力	发现问题:塑料袋难以降解,容易造成"白色污染"的原因 解决问题:如何选择工料、如何设计才有利于循环利用等
创意设计	指导学生通过市场调研、网上搜索、教师示例等方式,设计基本图式,并在教师的引导下,寻找不足、改进思路,创作新作品
实践物化	以小组合作的方式,共同制作与优化环保袋。帮助学生了解环保袋的结构特点与制作方法,培养学生的动手能力和合作精神

三、STEM课程的"靶向设计"模式

STEM课程强调将跨学科知识融入情境化的真实问题中,让学生能够积极主动地利用多学科知识设计解决方案,打破学科界限,实现知识内化,提高解决实际问题的能力,这就要求STEM课程要有"靶向"系列化设计。

STEM课程"靶向设计"模式是基于教学实践,围绕"项目或问题",对完成项目或解决问题所需要的学习资源、学习支架、探究活动、项目评价等环节进行设计,再通过强化练习使学生获得系统化的知识,并关注知识的结构化迁移。

1. 教学分析。首先,分析教学目标,确定学习主题,阐述三维目标。其次,学情分析,确保项目设计符合学生的认知与能力水平,充分了解学生的学习基础、学习需求。最后,分析学习内容,通过绘制跨学科知识地图,展示相关学科知识之间的关系,为在课程中均衡覆盖相关知识奠定基础。

2. 项目任务。STEM教学基于现实情境开展,需要设计真实的、非良构的学习任务。围绕需要解决的实际项目或问题设计的学习任务,一定要放在特定情境中进行具体化。因此,要基于前述教学分析,设计学习情境,将学习问题与真实的学习情境进行融合,避免两者出现相互隔离或勉强合成。

3. 资源保障。一方面,设计适切的学习环境,包括教学设备、器材和所需的信息化工具,还需要一些用来支持或指引扩充思维过程的认知工具;另一方面,提供丰富的学习资源与工具,需要教师要了解学习问题的所有细节,储备必要的相关知识,在解决问题的过程中,学生需要查阅的信息,强化练习、巩固拓展的学习材料等。

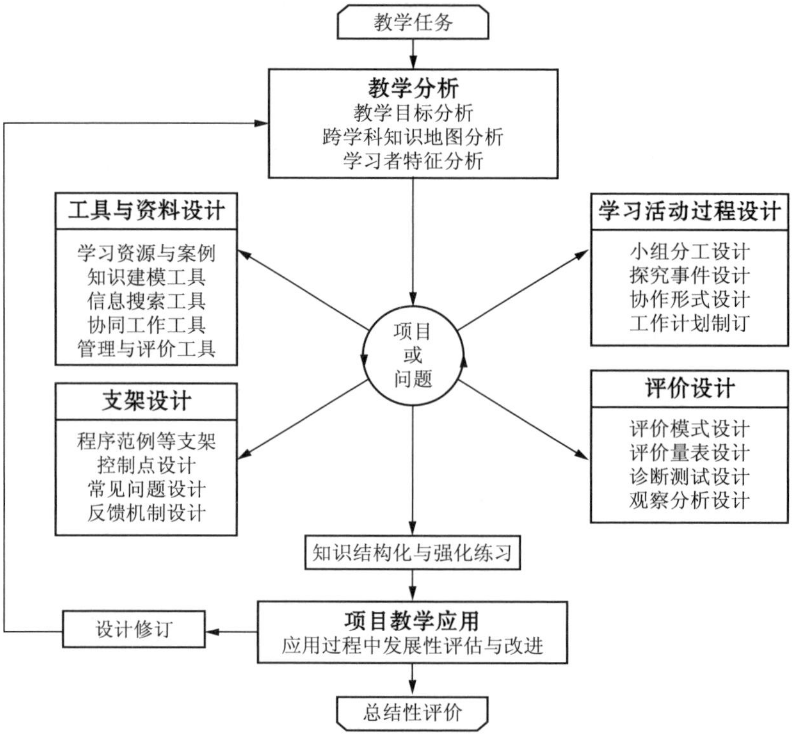

图 1 STEM 课程的"靶向设计"模式流程

4. 学习支架。典型的支架包括情境型支架、问题型支架、实验型支架、信息型支架、知识型支架、程序型支架、策略型支架、范例型支架、训练型支架等。支架能够帮助学生经历包括教师在内的一些有经验的学习者所经历的思维过程,加强学生对隐性知识的理解与体悟,有助于提高学生的能力水平,辅助学生独立完成任务,帮助他们认识自身潜在的发展空间。

5. 探究活动。有效的 STEM 项目,关键在于设计有效的探究活动,提高学生的学习效率,促进知识内化。这就要求教师依据教学目标和教学内容,设计教学情境和学习活动,让学生在活动中学习。不同的教学模式有不同的教学环节和程序安排。每种教学模式都有其相对固定的活动步骤和阶段任务。

6. 项目评价。STEM 教学的评价方式比传统的纸笔测试更加灵活多样,强调形成性评价和过程性评价、自评与他评(同伴、教师)相结合,对学习过程中呈现的态度、兴趣、活动参与度、任务完成情况以及学习作品等进行评估。

7. 总结拓展。教学总结可以由教师独立完成,也可以在教师指导下,由学生分小组进行合作汇报。目的是促进学习者将零散的知识系统化，帮助学生梳理知识结构、促进知识内化。教师需要汇总小组评价和自我评价的结果，设计有针对性的补充学习材料、拓展强化练习，供学生自主选择。纠正学生知识结构中的错误理解或片面认识，最终达到教学目标。

8. 项目完善。课程既要按照设计的教学方案实施，确保教学方案的规范执行，也要基于灵活、开放的原则，根据实际教学条件和形成性评价的反馈，对教学方案进行调整。在不断完善中优化方案，最终促成创新作品的达成。

STEM课程的核心特点是基于问题的情景式跨学科探究。如何发现问题，如何联系实际、围绕问题，设计出具体项目来分析与解决问题，关键在于融合各学科知识，引导跨学科的思维。因此，正确认识STEM融合相关学科知识的特征，设计跨学科的STEM课程的主题内容，是成功开展STEM教育的关键。

课程建设促发展，项目组学习共成长

——"红色电影育人"课程引领教师队伍建设

上海市长宁区少年宫　王颖新

随着教育改革的不断深入和影视教育的广泛开展，电影在育人方面日益显现出独特作用，在育人实践中得到普遍应用。立德树人是教育的根本任务，红色电影反映中国共产党的革命历史，教育、引导、激发人们的爱党爱国情怀，是少年儿童德育和影视教育生动的素材和有效的载体。

2020年10月15日，中共中央办公厅、国务院办公厅印发了《关于全面加强和改进新时代学校美育工作的意见》，再次将中小学影视教育推进人们的视野。多年来，中小学影视教育苦于"重活动、轻课程"的实际情况，在中小学的教育实践中无法真正落地，"专业师资人才不足、无法满足课程开发和实施需求"是症结所在。作为区域影视教育的负责人，如何通过教师队伍建设，解决专业师资不足这一问题，成了笔者一直以来思考与实践的方向。近年来，在与高校影视专业教师的合作下，我们逐渐探索出一条以"红色电影育人"课程建设为载体，以项目组学习驱动教师发展的影视教师专业发展路径。

一、不忘电影育人初心，为项目组学习搭平台

目前区域内绝大多数学校都配有一名影视教师，指导学生的影视活动。与其他学科教师不同，影视教师多数不具备影视专业的知识和技能，他们来自语文、科学、道法等多个学科，因此，影视教师专业化培训和人才梯队建设成为中小学影视教育中亟待解决的问题。虽然影视教师是"非科班"出身，但这种具备其他学科背景的特性，也为影视教师"跨学科"进行项目组学习提供了一定的条件。

基于此，我们开展了影视教师专业发展培养项目，并组建了项目组团队，将"品

味经典、立德树人，光影艺术、文化传承，合作创新、融合育人”确立为学习宗旨，采用专家讲座、教学研讨、电影赏析、艺术研学等形式开展项目组学习活动。每学期一个大主题，每月两次专题学习和一次实践活动，为参与项目组的各校影视教师搭建相互交流与学习的平台。

二、探索红色电影育人课程建设，尝试组内教师互学新方式

（一）以“红色电影”线上课程建设为平台，形成“骨干带新人”的培训方式

为进一步发挥影视教师在“红色电影育人”项目中的重要作用，使其更好地承担相应的职能，项目组积极搭建区级“红色电影育人”子项目骨干教师团队。以“红色电影育人”课程建设为抓手，鼓励骨干教师带教与自己不同学科的新上岗影视教师，从而形成“跨学科”互补的学习交流平台。在骨干教师的带教下，这种形式初见成效，经过反复研究、论证，最终根据中国共产党发展进程中的不同阶段，将课程分为四个篇章。第一篇章“迷雾中的火光”，主要讲述中国共产党的成立过程，通过《建党伟业》等影片，梳理中国共产党诞生的历史背景；第二篇章“暗夜间的星光”，主要讲述土地革命时期、抗日战争时期、解放战争时期的党史，通过《鸡毛信》等影片，深入了解革命历史，弘扬革命精神；第三篇章“风雨后的阳光”，主要讲述社会主义发展历程，通过电影《我和我的祖国》等影片，了解新中国成立后的重要历史事件，感受国家在中国共产党的领导下逐步走向繁荣富强；第四篇章“日耀东方新时代”，主要讲述改革开放相关内容，通过《春天的马拉松》等影片，了解改革开放背景下社会主义新农村建设。在骨干教师的带领下，与新上岗教师一同完成了数十节红色电影育人线上微课，惠及更多学校和学生，助推区域影视教育工作的发展，成为提升中小学生核心素养、影视鉴赏能力及教师育人能力的重要载体。

（二）以“红色电影”线下课程研讨为平台，形成“集体备课”的教研方式

除了开发线上课程，在线下课程的研讨中，项目组教师通过反复观看影片、请教专业人士、集体备课等形式，深入探究如何进一步挖掘红色影片中的育人元素，以贴合学生实际，引发共鸣。在线下课堂教学的实践中，项目组教师通过“备课、试讲、修改完善、反思”等环节，完成了一堂堂有趣味性、互动性、启发性的红色电影育人课。如在第一篇章中，项目组教师遴选了两部非常具有代表性的影片——《开天辟地》和《建党伟业》，这两部电影的共同点是人物众多、历史背景复杂，因此要选择好

切入点让学生能更好地理解。经过组内教师的集体研讨,从影片《开天辟地》中选取了几段不同的“火”的意象进行教学,引导学生找出影片中多次出现的关于“火”“点化”和“启发”的场景,这些意象和场景是人物在黑暗中找到光、在混沌中找到出路的生动隐喻。而《建党伟业》这一堂课,则是通过青年毛泽东对救国之路的热情与渴望、对新文化的谦逊与好学、对中国革命方向做出选择的睿智与沉稳等场景,引导学生从电影人物塑造中深刻感悟红色历史。在第二篇章的电影《鸡毛信》中,教师们经过集体研讨,最终确定从影片中“海娃送信”的过程进行分析,将送信过程分为两部分,第一部分是“接受任务”“巧妙藏信”“深夜出逃”,引导学生体会海娃的沉着冷静、勇敢心细;第二部分是“丢信找信”“诱敌负伤”和“完成任务”,引导学生体会海娃的机智聪慧和信念坚定。“从‘鸡毛信’看海娃的成长”这堂课也在“第四届全国中小学生电影周”活动现场进行了展示和交流,并得到了与会的全国各地影视教育同仁的好评。

(三)以“红色电影”实践活动开发设计为平台,形成“校内外联合”思维

除了开展红色电影育人课程建设,项目组还以“红色电影”为载体,为影视教师搭建“校内校外联合育人”实践平台,助力教师形成“校内外联合育人”的活动思维方式。在红色电影育人实践活动开发设计中,整合社会文化资源、融合各艺术门类,不断创新活动的内容与形式。如“看电影　学党史”活动,在内容上将电影艺术与党史知识相结合,在形式上创新青少年党史学习的沉浸式体验,有“红色电影讲堂”“红色电影探秘之旅”“红色电影配音”“红色电影党史知识竞赛”等多种校内外联合开展的活动,打通了学生校内、校外学习的空间边界。

三、项目组学习显成效,特色课程促进学生全面发展

影视教师专业发展培养项目,通过“红色电影育人课程建设”的实施,让影视教师在实践过程中,学习影视知识,提升专业素养。教师不再被动地进行学习,而是在合作与分工中主动出谋划策,热烈地讨论,热情地参与,积极地解决问题,最终共同完成任务,从而使影视教师的专业知识储备更多、育人能力快速提升,不断引领教师的专业成长。

接受过项目组培训的影视教师,在学校的影视教育工作及特色影视课程建设中发挥了独特作用。有的教师在学校里开设了“电影艺术鉴赏”课程,招募喜爱电影

的学生，和学生讨论电影艺术，有的老师开设了“电影梦工场”课程，和学生一起写剧本，编写分镜头脚本，拍样片，引导学生分别担任导演、编剧、制片、主演、录音、场务等工作，让他们在这个过程中进行融合性学习，还有的影视教师结合艺术节在校园里开设了电影周。在电影周上学生为自己拍摄的微电影开记者发布会、首映会，还有投票、颁奖、走红毯环节，学生们在做中学，忙得不亦乐乎，影视教师也实现了自己多年的梦想。

在这些影视教师的助力下，很多学校形成了影视教育特色品牌项目，助推整个区域影视教育的发展。同时在这些丰富多彩的品牌活动课程中，学生提高了发现美、感受美、表现美的能力，厚植爱国主义情怀，提升了艺术素养，促进学生终身发展。

差异视角下青少年生物科技课程的思考和构建

上海市长宁区少年科技指导站　郑　臻

一、关注差异，思考新时代背景下的青少年科技教育

区别于传统的“选拔富有研究潜质的科学种子”，新时期青少年科技教育单位致力于“探索适合不同学生的科技教育”，也就是要关注学生的个体差异，让智力、能力发展水平不同的学生都能受到符合自身发展的教育。校外教育不同于学校教育，没有固定的学生，也没有固定的教材和学习内容。学生的来源、兴趣、特长和能力不同是校外教育单位教育教学中普遍存在的现象，校外教师应当尊重这些差异，深入了解不同学生对科技课程的需求，在教育教学中摸索构建合适的课程，力求提高教学的有效性。

二、构建课程，探索差异视角下的生物科技教育

在生物科技的教育教学中，我们自主探索、实施不同类型的科技课程，这些课程有梯度、有侧重，各有特点，形式各异，尽可能地兼顾不同年龄、不同基础的学生，这样我们才能在校外科技教育领域真正落实因材施教，让科技教育惠泽更多的学生。

1. 在普及型创客课程中“触电”科学。创客课程的重点旨在引导学生“触电”科学，“勇于探究，具有好奇心和想象力”是新时代青少年必备的科学精神。兴趣是最好的老师，在普及型创客课程中，我们根据区域内不同年龄段学生的需求，尝试设计适合学生认知水平，以活动形式为主的生物科技课程。

案例：“叶片模型制作”创客课程。该课程面向小学高年级和初中低年级的学生，旨在帮助学生了解叶片是植物的主要部分。学生通过实物和图片，知道了气孔、

栅栏组织、海绵组织、叶脉等结构，但它们的分布、数量比例、大小等在图片上并不能清晰直观地看出来。因此，我们提供简单的制作材料，引导学生仔细观看图片，查找相关知识，用透明片、塑料吸管、软陶、胶水等简单的材料制作立体的植物叶片模型。成品制作完成后，学生以小组为单位进行展示并讲解，教师进行评价，完善模型设计。

这些面向不同学段学生但不设门槛的生物科技普及型课程，主要以活动形式展开。学生们能够在这类普及型创客课程中学会观察，并进一步激起好奇心和探究欲。作为生物科技教师，我们要珍惜学生的好奇心，抓住生成性资源，引导学生学会观察，并适时给予启发、鼓励，锻炼他们的观察和思考能力。一旦他们的好奇心受到老师的重视和鼓励，就会更大胆、更高兴地探索自然。

2. 在提高型专业课程中"探秘"科技。专业课程旨在引导学生"探秘"科技，"崇尚真知，能理解和掌握基本的科学原理和方法；逻辑清晰，能运用科学的思维方式认识事物、解决问题、指导行为等"是新时代学生发展的重要内容。在双休公益班的专业课程中，我们指导对生物科技具有浓厚兴趣的学生，注重体验和探究过程，通过实验实践，锻炼学生们的理性思维能力。

案例："生活即教育"。在社会高速发展和人们认知水平长足进步的今天，这一点更是深入人心。为了引导学生关注生活，发自内心地认识到生命科学的重要性，我们设计构建了面向初中低年级学生的《生活中的生物学》这门课程。如鸡蛋作为一种常见的鸟卵，也是我们非常熟悉和喜爱的一种食品，但我们对鸡蛋真正了解多少呢？在生物科技课堂中，我们引导学生解剖鸡蛋，由外而内、由表及里地进行观察，对照图片找出并标明实物中的结构，再结合生活常识探究这些结构的功能。

学生对鸡蛋结构中"系带"功能的理解有些困难，动手建模并演示可以顺利突破这个难点。"橡皮筋"有效模拟了鸡蛋结构中的"系带"，在鸡蛋模型搭建的过程中，小组中的部分同学已经能够解释"系带"的作用——减震。鸟卵中"系带的结构和功能相统一"这一难点得到突破，展示和演示环节增强了课程的趣味性，也激发了学生的学习兴趣。

需要注意的是，在《生活中的生物学》等课程中，教师要给学生足够的时间，不能急于"提示"，以免减弱学生们的思维碰撞。俗话说"此时无声胜有声"，通过这几分钟的寂静，学生们的思维逐步活跃，尽自己所能思考和探索，从而围绕教师抛出的问题，用科学的思维方式找到不同的解决方法。

3. 在研究型项目课程中"圆梦"科创。项目课程旨在培育"圆梦"科创，"善于发现和提出问题,有解决问题的兴趣和热情。能不畏困难,有坚持不懈的探索精神”是对新时代青少年的重要培养要求。在“探秘”科技的基础上,我们引领区域内有显著生物科技特长的学生进行项目式研究,聚焦创新实践。

案例:“舌尖上的生物——常见食用真菌”课程。该课程以项目研究的形式开展,面向已经上过专业课程、具备一定专业知识的学生。项目主题一般源于学生的生活经历。某位学生的科学日志中写道:“有一次我跟家人去农庄,发现这里卖的杏鲍菇和菜场卖的在外形、口感上有着明显的区别,这其中到底有什么奥秘呢?”带着这样的疑问,我和学生一起通过资料查找和咨询请教,制定了具体的研究方案,着手进行实验。通过实验,发现菌包的不同叠放方式影响了杏鲍菇生长环境中二氧化碳的浓度,而二氧化碳的浓度最终影响了杏鲍菇的品质。最终,课题论文《二氧化碳的浓度对杏鲍菇生长的影响》顺利完成,并获得了当年创新大赛的一等奖。

在研究型项目课程的学习中,教师要明确自己作为指导者和引导者的定位,能够重视学生们自己的想法,做到俯身倾听、耐心指导,同时加强自己的专业素养,做到与时俱进。只有这样,教师才能引导学生进行真正具有探索性的项目研究,指引着学生体验创新的乐趣。

三、不断反思,课程实施过程中的体会和感悟

在尝试实施这几种不同类型生物科技课程的过程中,我们都需要重视过程。关注学生差异、学生在课程学习中的不同表现、学习的乐趣、学生的感受。因为差异的客观存在,学习的需求也大不相同,我们必须从新时代的角度审视青少年生物科技教学。

长期的校外生物科技课程实践,不同层级的课程设置关注了学生差异,且课程实施中也同样关注学生的本体感受、思维表述与实践能力的异质性。学生文化背景、思维方式与个体需求等方面的差异也可以是生物科技教学的突破口,要尊重他们的差异,而不是要求整齐划一;要在教学中关注学生个性发展,并以此为切入点,在对学生进行引导、启发的同时,学会“放手”。

无论哪种类型的课程、什么状态的课堂,我们都应该给予学生一定的鼓励与等待,让学生能感受到生命科学的精彩奇妙及其与现实生活的紧密关联,要让学生在校外生物科技课程中获得自我成就感,提升探索的兴趣。

基于“沉浸式3D交互”模式的科技模型实训研究

上海市长宁区少年科技指导站　梁　起

一、数字化时代科技模型项目实训课程发展趋势

科技模型是一项专业技能要求非常高的运动,对学生的实际操作能力、模型设备的理解能力,都提出相当高的要求。目前大部分科技模型实训均以针对不同类型模型的实际训练为主,但是由于环境和场地的限制,无法为学生提供更加及时、充分的学习和实践的条件。

数字化模拟教学是采用电脑虚拟程序对学生进行授课的新技术、新方法。它可以改变传统的科技模型实训方式,解决传统训练中的众多问题。其一,场地环境问题。不同模型的设备操作和路线操作不尽相同,模型实操占地面积大,现有的实训环境由于受到场地、天气、温度、湿度等限制难以完全实现。其二,教学环境问题。现有条件仅能满足当前课堂教学需要,无法为学生提供更多的学习机会和学习空间,而且在实操训练环境中,会有很多未知的危险。其三,学习能力提升问题。传统的实操教学难以对稍纵即逝的实操情况进行回顾。其四,设备损耗问题。模型实操训练中,学生们经常会因为误操作造成模型碰撞、坠毁、电池损耗、电路短路等设备损失,训练成本较高等。科技模型实训课程的数字化模拟则在这些方面能够实现许多新的突破,可以有效地辅助初学者的船模训练,为学生提供更加优秀、真实的教学环境,主要表现在模型配置变更模拟、各真实赛场的模拟、竞赛规则的植入、虚拟对手、碰撞模拟、模型姿态模拟、轨迹分析、成绩分析等。它还可以具有不受时空局限的多人网络协同操作等功能。基于以上原因,项目组决定在虚拟现实教育环境下进行沉浸式的3D交互科技模型实训课程教学的实践工作。

二、从数字化虚拟教学到沉浸式3D交互体验学习的升级

（一）虚拟现实技术在教学应用中的特点

对比科技模型的虚拟教学与传统教学方式的优势与劣势，可以发现在传统模式下的科技模型教育会碰到的问题。尽管数字化教学把这些问题都解决了（尽管会产生新的特有问题），但是虚拟教学还不够仿真。比如，多车辆模型和飞机模型的模拟器都是自动跟焦的，这一点很不真实。汽车驾驶模拟器常用的第一视角看起来和真实汽车很像，但也是一个固定的视角，所以使用者依然是靠想象判断空间中的相对方位。用户的体验都还不够真实。目前，在虚拟教学领域，最接近真实的也是最能将无线电遥控类科技模型项目的技术难点与教学重难点（在远距离操控视角下的主动“追踪”）实景再现的技术，就是虚拟现实（VR）技术。VR技术与教学的结合将为科技模型实训带来全新的突破。

（二）沉浸式3D交互模式在科技模型实训教学上的创新

虚拟现实技术在教育中的应用，可以为科技模型实训带来“沉浸式的3D交互”体验。以无线电遥控类科技模型为例，因为VR眼镜的应用，学习者由被动地观看模型（普通模拟器会自动对模型进行视角追踪）转变为主动地寻找、追踪并观察模型。沉浸感的增强令“选手”的行为自由度大幅提高，因而相应的操控要求也提高了，促使学习者自主地学习，也有利于注意力的集中。同时，配合与真实的实训过程中所使用的相同的遥控器手柄（板式遥控器），以及完全一致的项目规则与基本仿真的物理引擎，可以培养学习者对科技模型实训项目的操控感觉与对规则的认识。

（三）由教师团队协助研发的沉浸式3D交互程序

虽然目前已有的模拟类教学和游戏软件已经较为丰富，但是在实训训练的真实性方面还不够拟真。因此，本课题组成员找到教育领域中的科技模型实训专家进行咨询，最终发现了一套由专业的教师以及航海模型教练员参与研发的VR虚拟教学系统。该系统完成了专业团队船模训练课程和非专业团队船模训练课程的划分，课程中分别展现了船舶大、中、小三种级别模型椭圆绕标竞速项目。在课程中学生可以清晰直观地看到标准航线场地及需要训练的船舶模型，同时学生可以选择单人操作竞赛路线或多人一起进行比赛型操作训练，熟悉操纵手法以及竞赛航线。在船

舶模型电动方程式追逐操作训练课程中，学生还可以学习针对不同大小船舶模型围绕浮标放置成50米长的椭圆形航线训练操作，通过赛道的练习，学生可以掌握最佳的通过速度。系统也会展示由于场地大，船速快，飞溅出的几米高水花。水花会遮挡选手的视线，给操控带来一定程度上的干扰。系统也展示了在训练过程中船模的耗电量、时速以及时间计时等功能模块，可以从中反复训练学生对船模性能的了解和掌控。

三、航海模型VR实训课程内容的开发与实践

（一）航海模型VR实训课程内容的开发

我们在进行VR课程开发的时候，经常被问及：是在开发学习课程，还是在提供游戏活动。游戏本身就是VR应用最多的一个领域，很多VR培训课程做得如游戏一般绚丽，让学生沉浸在VR过程中。本项目组认为游戏绝不是教学，教学也绝不是游戏，VR课程提供的是人的一种认知过程，通过VR课程，学员可以学习和掌握一定的实际技能。当然VR课程不排斥提供优秀的游戏般的交互体验。

本项目作为一个教学的课程研发，重点体现在以下几个方面：

1. 严格按照赛事要求，确定整个课程交互的规则。路线设计、评分要求都尽可能贴近真实赛事。

2. 尽可能模拟赛事中的真实情况，包括VR虚拟环境、规则解读、对手干扰、碰撞等，尽可能模拟赛事中的真实环境。

3. 回顾和评价。对赛事的行进情况、路线、单圈时间等进行综合分析，能在教师的指导下找到改进的方法。

（二）沉浸式3D交互实训课程的教学效率与学习结果

传统训练中由于动力艇的航行速度非常快，每个航线的路径只能凭借指导老师的记忆，来给学生"复盘"。光靠讲述多数情况下学生不能很好地理解，严重影响了指导效率。"沉浸式3D交互实训课程"中的航行轨迹分析功能是一个突破性的亮点。学生每完成一轮训练，分析功能就会将该学生每一圈的轨迹以及单圈用时分别显现出来，学生的每一个操作都会被记录下来供赛后分析。在我们近期开展的船模VR训练中，经常可以看到学生和老师在赛后对照平台上的数据进行讨论的情景。每一次的分析都可以准确地找到上一次操作的不足并及时改进，有助于提高教学效率与学生的实训水平。

四、未来展望

(一)深度沉浸的发展方向

随着科学技术的发展,在未来也许会发明出更加“深度沉浸”的3D交互设备。届时,VR设备将突破当前的使用限制,通过和人体的神经连接进而实现“深度沉浸式体验”。学生与教师在科技模型实训系统中将不仅仅通过看和听,场地中的风、光、水、树等自然环境将全景式还原,模型的细节也更真实,甚至可以体验不同材质的触感。运用“物联网”技术,任何人都可以通过实训课程中的“世界”与他人接触和交流。此前学生与教师之间的“沟通屏障”被一一打破,教学的效率、便利程度,以及最重要的“真实性”等都获得了大幅度的提升,这或许就是未来沉浸式3D交互科技模型课程的新面貌。

(二)“半浸桨式”的教学新模式

科技模型中的航海模型项目一直是深受人们喜爱的竞技体育活动。航海模型的船型分为螺旋桨在水下“埋头苦干”的全浸式桨船型和一瓣叶片在水中推进、另一瓣叶片在空气中“透气”的半浸桨式船型。在实践中人们发现,使用半浸浆驱动的船在速度上并不输全浸桨船型,这也给沉浸式3D交互教学以新的启发。在当前技术手段还不足以将沉浸式教学的效率提升到最高的时候,“半浸桨式”的AR教学是否在教学模式、学习品质与课堂效率上更胜一筹呢?或许“半浸桨式”的科技模型实训虚拟化教学才是当下的更优解。

(三)互联教学模式下的家校社合作活动的开展方式

当“万物互联”的数字与信息化新时代来临,沉浸式科技模型教学课程的丰富开展使得构建学习平台有了新的可能性。在互联教学模式中,家庭、学校、社会共同参与,共同构建了由一堂堂精彩纷呈的课、一群群志同道合的小伙伴和一场场紧张刺激的比赛组成的大数据科技模型虚拟线上教学平台。每一位带教老师都可以将自己的知识“上传”到平台中去,同学们不仅可以随时学习,还可以做其他同学的“小老师”,通过虚拟环境,每一个学生都成为学习的参与者与学习的主体。同样,教师和家长也可以参与进来,学校、家庭与社会共同协作,帮助孩子、家长与老师在科技模型教育教学的过程之中有所收获、有所成长。

红色场馆资源在高中思政课中的运用初探

上海市延安中学　唐怡莹

上海是中国共产党的诞生地，拥有极为丰富的红色场馆资源。红色资源是中国共产党艰辛而辉煌奋斗历程的见证，是最宝贵的精神财富。依托红色场馆资源，将“思政小课堂”与“社会大课堂”结合，以可视化、互动性、立体化的方式上好高中思政课，有利于落实立德树人根本任务。

笔者在讲授《习近平新时代中国特色社会主义思想》学生读本（高中）第 2 讲“目标任务：实现社会主义现代化和中华民族伟大复兴”时，尝试将红色场馆资源融入教学，努力做到用心、用活、用深、用细和用实，以此让学生对习近平新时代中国特色社会主义思想真正做到入脑、入心、入行，从而提升育人效能。

一、用心精选红色场馆资源，落实教学目标

课前问卷调查显示，在完成第 2 讲新授课的基础上，学生仍存在以下问题：作为青少年该如何续写中国特色社会主义新篇章？现阶段在实现社会主义现代化和中华民族伟大复兴中面临什么挑战，又该如何化解？作为青少年该如何续写中国特色社会主义新篇章？

针对学生的困惑，如仅选用单个场馆难以兼具典型性与全面性，笔者选择了比较有代表性的三处红色场馆：布尔塞维克编辑部、钱学森故居、上海机场百年展览。

通过文献检索、实地走访，教师对场馆的基本信息应做到心中有数，并进一步思考：结合场馆所蕴含的伟大精神和探究活动的教学目标，有哪些展品可以深度挖掘，如何在活动设计中引导学生关注这些重要展品。

二、活动全过程用活、用深、用细红色场馆资源，避免走马观花

（一）巧用开场：设置悬念，增强趣味

开场活动可激发学生探究兴趣，也可提升小组凝聚力，为正式探究活动做好准备。本课每组先抽取一张历史照片，学生利用电子阅览室协作学习，初步探究出照片背后的故事，才能获得第二关卡的任务包。这一解密的方式充满趣味性和挑战性，深受学生欢迎。

（二）从初探到深究：抽丝剥茧，层层深入

1. 问题引领探究，用活红色场馆资源。探究问题链的设计须具有逻辑性，层层递进，才能引发学生在探究中抽丝剥茧、层层深入。问题链可包括四类探究问题。

（1）简单问题。简单问题通常是细节性问题，通过参观或查阅资料便可直接得知。例如《布尔塞维克》杂志发表过哪些重要文章，以此引导学生仔细而深入地探究。

（2）一般问题。一般问题通常多指向事实，需要稍加信息处理。例如《布尔塞维克杂志》为什么要经常“变脸”？这需要学生了解杂志所处的历史时代背景，对学生探究杂志的主要人物能起到铺垫作用。

（3）复杂问题。复杂问题需要对信息筛选、判断、整合，形成自己的观点，这一过程需要推理与论证，答案通常是开放的。复杂问题需要动用跨科学知识，例如南通新机场对上海机场有什么区位条件？这需要学生综合运用地理学知识进行分析。

（4）挑战性问题。学生需以小组为单位至少提出一个挑战性问题，“切问而近思”，学生自主提问也是探究活动的重要环节。以某班同学提出的挑战性问题及对此问题的思考转变为例，如图1所示。

在探究活动中，教师应提供有层次、有逻辑的探究问题链，供学生开展自我适应学习，在此基础上引导学生自主提出问题并解决问题。在这一过程中，学生辨识与判断、分析与综合、推理与论证、探究与建构、反思与评价等关键能力都能得以提升。

2. 抓住关键事件与重要人物，引发深入探究。传统红色场馆参观活动易流于形式，主要原因在于红色场馆的教学资源极为丰富，但缺乏提炼，学生可能“胡子眉毛一把抓”，难留下深刻记忆。因此，笔者尝试在红色场馆活动中形成“红色场馆—关键历史事件—重要历史人物—伟大精神”的逻辑线，提炼红色场馆资源，并通过探究问题重构红色场馆探究路线，使展品和文字更加立体化、突出重点，帮助学生留

下鲜明的记忆，从而更好落实育人目标。

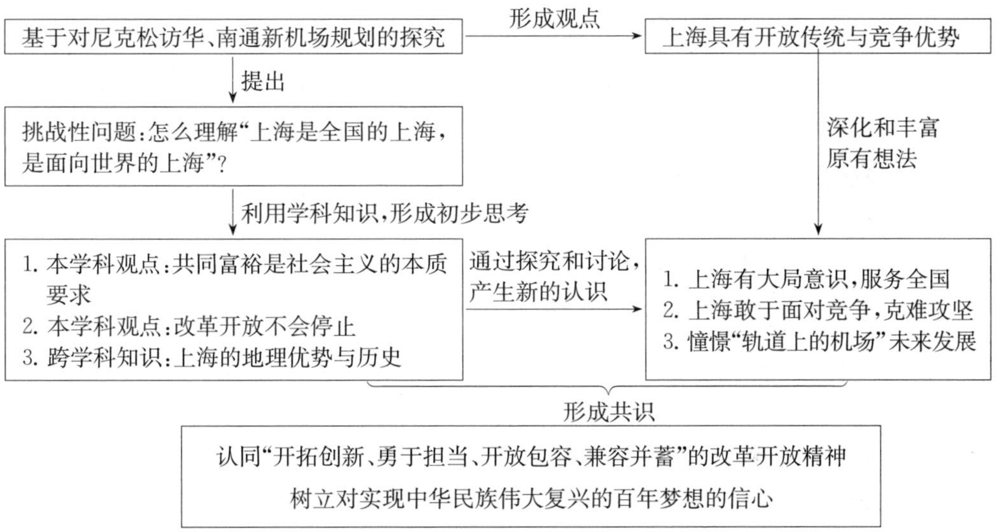

图 1　以学生为主体提出挑战性问题的思维演变

以下是本次红色场馆活动提炼的主要逻辑线。

表 1　红色场馆活动逻辑线提炼

组＼类别	红色场馆	关键历史事件	重要历史人物	伟大精神
第一组	布尔塞维克编辑部	白色恐怖 土地革命	瞿秋白、罗亦农 毛泽东	建党精神
第二组	钱学森故居 （或钱学森图书馆）	钱学森归国 两弹一星研制成功	钱学森等归国人士	“两弹一星”精神
第三组	上海机场百年展览	尼克松访华 中国国际进口博览会 抗击新冠疫情 南通新机场规划	周恩来 机场抗疫“逆行者”	改革开放精神 抗疫精神

3. 挖掘细节渲染情感，形成政治认同。通过问题引导学生注重深度挖掘关键事件和历史人物的各种细节，利用真实的历史细节打动与感染学生，在真实情境中激发学生的真情实感。

例如，当同学得知活动开场中神情淡然的瞿秋白的照片为其行刑前所拍摄的遗照时，不禁对瞿秋白视死如归的大无畏精神肃然起敬。当学生走进布尔塞维克编辑部，亲眼所见瞿秋白、罗亦农曾经住过的居所，党组织进行掩护与开会之用的麻将桌，不断变脸的《布尔塞维克》杂志，学生自然会被带入那段“白色恐怖笼罩”下的岁月，有学生写道，“罗亦农当年离开这里去开会，不料被叛徒出卖，惨遭杀害。看到他屋内被褥叠得整整齐齐，书桌上的笔墨静静地摆放着，仿佛等待着主人的归来，时间的车轮停在了他离去的那一刻，而让人悲伤的是他永远不能再回来了……我要向他们学习，为祖国繁荣富强贡献自己的力量！”

在活动总结的过程中，教师对内容的讲解一定要有层次、渐进式地提升，切忌断崖式强行拔高，也要避免将教材语言简单“贴标签”，要抓住重要历史细节，构建丰满、立体、真实的历史人物故事，自然而然地对学生进行四史教育，在润物细无声中落实政治认同。

三、用实红色场馆活动，关注多元评价与后续导行

1. 构建多元化活动评价。在最终的探究课展示中，各班学生以小组为单位创造性呈现小组探究结果，有情景诗朗诵、自制视频，也有双人漫才脱口秀。教师对学生探究活动的评价不仅要关注最终的展示效果，更应关注过程性评价，学生活动最终评价由学生个人表现与小组表现两方面构成，以此激发每位学生积极参与，评价主体包括学生自评、生生互评和教师评价，充分发挥学生的主体性作用。

2. 持续关注活动延展。教师应持续关注探究活动的延展，形成教育契机。有学生在参观钱学森故居时，被志愿者的认真和专业打动。学校通过党委与相关街道共建平台，使有兴趣的学生可以通过培训成为愚园路红色文化讲解志愿者，使得“思政小课堂”连接真实的“社会大课堂”。

总之，基于学情和教学目标，用心选取红色场馆资源，并通过构建有逻辑的问题链引领探究，实现探究任务结构化，引导学生聚焦关键历史事件和重要历史人物，用活、用深、用细红色场馆资源，关注活动评价与延展，用实红色场馆资源活动，在活动全过程中用好红色场馆资源，赓续红色血脉，提升育人效能。

如何将红色场馆资源活动系列化？如何更好挖掘红色场馆资源中的增长点？红色场馆教学活动如何实现思政大中小一体化？对红色场馆资源在思政课中的运用，需要我们进一步的探索和思考。

校外课外动漫画项目教师专业发展培训机制的探究

上海市静安区青少年活动中心　徐林峰

在教育综合改革的背景下，校外艺术教育面临着互联网教育和教育产业化的挑战，既受到资本涌入教育市场的极大冲击，又受到教育观念、教学模式和学习方法的深刻变革的影响。如何应对这些深刻变革，培养未来社会需要的人才，培养未来人才的核心素养，都要求教师职业素养的不断更新，因此必须深刻认识到，对于校外艺术教育而言，教师的职业素养是决定教师教育效能的基本因素，教师队伍建设是校外艺术教育可持续发展的关键，教师队伍建设的核心是实现校外艺术教师的专业发展。基于此，我们以校外课外动漫化项目教师专业发展培训机制为切入点，进行了一系列探索研究。

一、模块教学，重设知识体系

（一）优化师德与业务并重的培训模块

根据校外课外教师的工作性质和职能，我们创设的教师培训课程，除了涵盖师德素养、科研素养、专业素养三类课程外，还融入学习与创新能力、数字化素养能力、职业和生活能力等现代职业素养，使校外课外动漫画项目教师专业发展培训体现校外教育的特征。

（二）创设功能区域化的教学实践空间

动漫画项目的培训课程依托上海市青少年动漫画创新实践基地所拥有的漫画、动画、定格、程序、VR、动捕六大功能融合的工作室和资源空间，为培训教师创设了一个优质的动漫画沉浸式体验创作和实践教学的资源空间。近年来，培训基地共同体结合学员的专业起点、认知能力和个性化发展需求，为学员的培训内容创设了绘本漫画创作、定格动画拍摄、微课视频录播等丰富多样的具有相关设施设备和较高专业水准的特色项目工作室，进一步扩大了基地共同体课程在全市动漫画项目的引领辐射作用。

（三）实施自主发展的项目式学习培训

校外课外教师项目式培训模式与传统培训模式不同。项目式培训源于项目式学习，一般包含提出问题、设计项目、创设环境、研究学习以及展示评价五个主要步骤。动漫画的项目式培训，强调针对现实存在的教育教学真实问题进行系统思考并设计解决问题的方案。借助项目式培训，不同能力层面的动漫画教师可以根据自己的教学实际，借助动漫画材或电脑软件，结合各类动漫画技法，解决创作中的实际问题，而以往动漫画项目单一独立的知识与技能会在解决问题的过程中被整合为一个系统，这也是动漫画家思考问题和创作作品的方式。动漫画教师通过项目式培训强化了动漫画创作、审美判断、动手实践能力，持续提升动漫画项目综合实践活动整体实施水平，得以感悟并理解校外课外教育实现深度学习的价值与作用，同时掌握了开展项目化学习的育人方式，并将之运用到自己实际教育教学中，形成自己的教学风格，这是提升动漫画项目教师自主发展意识和能力的重要途径。

二、跟岗带教，助力学习过程

（一）组建动漫画项目的带教导师团队

培训基地组建带教的导师团队除了校外教育单位的专职教师外，还聘请上海美术电影制片厂、上海动漫博物馆等专家团队，以及同济大学、上海大学等高校的知名教授，建立校外教育动漫画项目共同体专家资源库，建设保障校外教育优质精深发展的“智库”，着力提升校外教育研究的质量和水平，为带教学员度身制定了培训方案，为教师提供解决真实问题的实训环境，使一线教师在优秀的校外教育团队浸润式跟岗实践和导师跨区带教的过程中，正确认识与适应校外课外教师角色，形成良好的教育教学行为规范，强化教育教学实践能力。

（二）强化浸润式跟岗带教的实施推进

培训基地共同体依托上海市学生动漫画大赛、上海市学生艺术单项比赛等展演活动，指导参训教师开展区赛征稿活动，并辅导基层特色学校积极参加比赛。培训基地共同体为参训教师提供动漫画学生艺术团创作教学的跟岗示范辅导，以专业技能和教育能力需求为导向，将基于深度学习理念的项目式学习转换为教师专业实践培训，在实践活动中提高参训教师专业指导的实效性，持续提升校外课外教师的教育教学工作水平。

三、研训一体，聚焦教研效能

（一）优化市区联动、校内外协同的教师培养机制

培训基地共同体依托上海市校外艺术教育动漫画中心教研组的市区联动机制，定期开展教学观摩评议、经验交流、写生考察等业务培训和动漫画创作实践等教研活动，实施提升自主发展的项目式培训，积极参与设计策划与动漫画中心教研组活动内涵建设和具体实施，在动漫画中心教研组师资队伍培训工作中发挥积极作用。市级教研是对各区校外教育单位动漫画项目负责教师的培训，主要是建立培训工作推进运行机制和做好市级展赛的组织、实施工作，推进各区教研组活动向纵深发展。区级教研是对本区动漫画项目教师开展的业务培训，建立起以促进教师专业发展为抓手，以实践研究为形式，以提高教育质量为目标的校外教研制度，切实形成学习、研究、实践、创新的教研模式，让教师在学习中进步，在研修中成长。

（二）探索线上、线下混合式教研提高培训的效率

培训基地共同体一直致力于建设校外课外教师教研训一体的线下教研机制和网络交流平台，为学员开展面授型、线上型、混合型三类培训课程。在疫情常态防控期间，教研培训活动通过在线交流等形式，围绕教师个人动漫画教学实践中遇到的各种问题及时切磋、共同研究，促进教师在反思与交流中产生各种新的想法，改进低效的教学行为。教师共同体培训活动通过互联网＋实现的不同区域同步教学，教师通过网络视频实现教研实时传播，利用弹幕实现即时教研，研讨成果上传微信群中展示分享，教育资源——教案、教学用书、图片、视频等可以及时更新、共建共享，将团体的智慧创造性地运用到自己的教学当中，提研修团队的效率。

（三）利用微课拍摄和空中教堂提升教师信息素养

为了更好地提升动漫画教师信息素养，在教研培训中我们发现利用微课制作

与教学是一条非常好的途径。动漫画项目微课视频制作是根据教学目标整体设计、收集整理各种资料、开发利用各种教育资源、图形图像的加工处理、动画的制作、视频音频的录制编辑等的复杂工作的总和。在利用微课教学提升动漫画教师信息素养的过程中,我们将教师实践获得的“外力”转化为教学应用的“内力”,使信息技术应用更具人文关怀,突显信息技术与微课教学、专业发展深度融合的价值。

四、资源整合,创新研学活动

(一)关注行业动态支持教师个性化学习

上海校外课外教育资源丰富,我们依托基地共同体共建单位,挖掘各级各类场馆、高校、企业等社会资源单位的教师培育资源,将先进设施设备、学科前沿信息知识,有机引入校外课外教师培训中,面向全市校外教育单位进行专项培训按需送教,为各区校外教师提供精准化的项目课程资源支持,尝试开展教师个性化学习,提高培训内容的前瞻性和先进性。

(二)创建活页化实践拓展的研学资源库

按照上海市动漫画项目校外课外教师培训课程资源库架构,重点建设课程库中稀缺的资源,完善资源库的资源结构。我们在定期开展活页化系列研学活动的同时,积极汇编教师研学资源目录,面向全市征集教师研学培训课程资源,并在全市校外课外教育单位中辐射共享。此外,通过对已举办的研学活动实录进行二次开发建设案例评析网课,不断充实动漫画项目共享课程资源,为不同发展阶段、不同学习需求的教师,持续提供丰富的、可自主选择的专业提升培训资源库。

动漫画项目教师既是课程的设计者,也是教学的直接实施者,他们的教育理念、教育水准及自身的专业素养直接影响着校外动漫画项目的教育成效。动漫画师资队伍建设要构建好动漫画教师培训课程的顶层设计,实施浸润式跟岗实践的教师培养模式,结合不同职业生涯时期教师的需求,尊重差异,实现个性化培养,打造一支面向未来、师德优良、教育理念先进、专业素养过硬的校外艺术教育师资队伍。

以评价撬动美育生态持续变革

——区域推进艺术团学生艺术素养测评的实践研究

上海市杨浦区少年宫　葛琛静

中共中央、国务院印发的《深化新时代教育评价改革总体方案》(简称《方案》)指出,要“改进结果评价,强化过程评价,探索增值评价,健全综合评价”。当前的美育评价,存在着重应试轻素养、重少数轻全体、重比赛轻普及的现象,对艺术团学生的评价,唯技能、唯结果的倾向依然较为普遍。针对这些问题,我区聚焦艺术团学生艺术素养测评进行了实践研究,提出以“市、区、校”三级学生艺术团学生素养评价为支点,改进美育评价,自上而下逐步带动艺术教育育人理念、机制、策略、方法的转变,促进学生德智体美劳全面发展。我们认为,这是对深化新时期的学校美育改革和学生综合素质评价的有益探索。

一、确立“育美之人、育全面发展之人”的评价理念

改进美育评价,树立正确的育人价值导向尤为重要。《方案》指出,“坚持以德为先、能力为重、全面发展……”“促进学生形成艺术爱好、增强艺术素养,全面提升学生感受美、表现美、鉴赏美、创造美的能力。”艺术教育作为学校美育的主要路径,是学生全面发展不可或缺的重要组成部分。因此,我区改进艺术团学生艺术素养测评,首先确立了“育美之人、育全面发展之人”的评价理念,从思想观念的转变着手推进美育工作生态的逐步优化。

二、探索基于培育学生核心素养的评价机制

基于培育学生发展核心素养的评价机制主要体现为“四个转变”。第一,评价

内容从较为单一的重技能转为对艺术团学生核心素养达成度的评价。第二,评价方法从重终结性和选拔性转为过程性和发展性的增值评价。第三,评价主体以教师为主转为教师、学生、第三方测评人员的多主体评价。第四,评价数据的收集从纸质材料转为电子化信息,构建艺术素养测评网络平台,强化"数据池"功能建设以及测评数据的分析与运用。

1. 指向素养发展,研制测评指标体系

测评指标的研制立足于先进的价值理念,从框架、细则、标准、权重到测评方式等,充分聆听了多个艺术团队的管理者及教师的建议,贴近实际,便于操作。整个指标体系包括基础指标及特色指标,基础指标包含艺术团队参与、艺术专业基础、艺术专业表现三个维度,共计 100 分;特色指标主要指向艺术特色发展包括艺术创作、辐射引领两个方面,合计分数为 10 分。整个指标体系体现了知识技能、思想文化、情感态度、意志品质的多维评价。

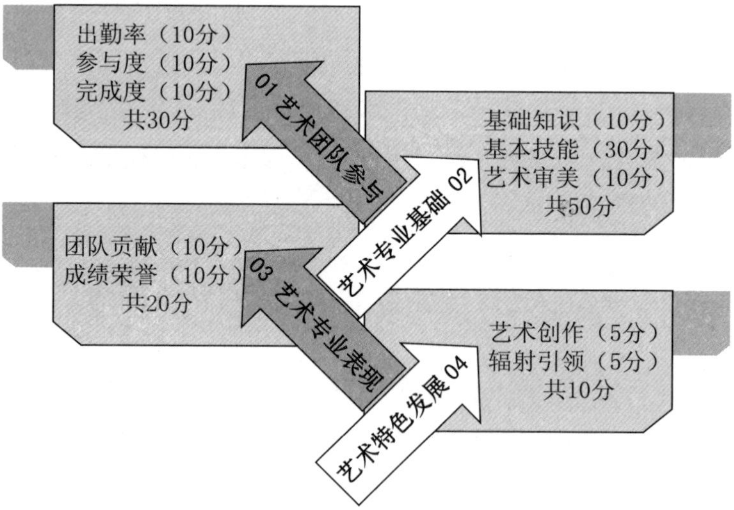

图 1　区域学生艺术团艺术素养测评指标

2. 多元主体参与,构建测评网络平台

区域层面抽测时样本选择涵盖不同学段、不同级别、不同类型的学生艺术团,区域通过搭建统一的测评网络平台——美育工作综合管理平台,对艺术团学生测评数据进行统一的收集、分析。二级指标"艺术团队参与""艺术专业表现"与"艺术特色发展"主要采用了材料审阅、课堂观察等方式,以教师评价和学生自评为主,二级指标“艺术专业基础”由区艺教委集中组织专家开展了现场测评。现场测评考核内容为基础知识问答、自选节目表演。

在抽测的基础上，由区教育局相关部门牵头，由市、区相关专家及第三方测评机构专业人员组成专家组，少年宫艺术项目教师及市、区、校学生艺术团负责教师代表共同参与，就测评的实施开展专题交流，总结测评实施的指导思想、细则、具体操作方法、重难点问题等，初步形成完整的测评样例指南。

3. 指导管理结合，保障测评实施质量

我区从五大艺术项目“一条龙”布局校着手，组织学校测评工作负责人及学生艺术团指导教师开展系统培训，确保从思想上认识这项工作的重要意义，全面提升教师艺术素养的测评能力。

同时，加强制度建设，结合本市《关于加强本市各区区级学生艺术团建设工作的意见》，将艺术团学生艺术素养测评与区级学生艺术团的评审、学生综合素质评价有机融合，推动学生艺术团的规范化建设，做好学生艺术实践载体的培育和孵化。

三、挖掘艺术素养测评数据的增值应用

充分挖掘艺术团学生艺术素养的测评数据的应用价值，绘制艺术团学生艺术素养群像，进而由点及面了解学生艺术素养培育的普遍现状，为改进学校的美育或艺术教育工作提供依据和参考。

1. 艺术团学生艺术素养的基本情况

根据抽测结果统计，我区五大艺术项目已经形成了全学段、全年级覆盖的学生艺术团序列。艺术团学生艺术素养整体较高，平均得分为 91 分(满分 110 分)。其中，基础指标平均得分为 85 分(满分 100 分)，特色指标平均得分为 6 分(满分 10 分)。

各年级抽测同学艺术团参与度较高，均达到了 100%，说明艺术团学生的稳定性、接续性状况良好。但在艺术特色指标中，各年级同学的表现均有待提高。

艺术专业基础由专家小组进行现场考核打分，取平均分作为考生最终考评得分。考核内容为基础知识问答、自选乐器(节目)表演。从抽测结果来看，各年级学生基础知识较为扎实，能够流畅表现作品。从单项指标来看，在基础知识等级中，各年级学生保持在优良水平以上，良好率达 100%，其中优秀率为 16.67%。学生艺术专业技能较高，均取得了较好的成绩，优秀率达 50%。艺术审美指标中，根据抽测学生现场表现，专家小组审议后给出了较高的评价，16.76%的学生达到了优秀，

83.33%的学生获得良好的成绩。

本次抽测显示,学生个性发展差异较大。以A、B两位同学为例,A同学在本次测评考核中,各项指标较为平均,无明显薄弱环节,B同学则在艺术创作单项考核中存在明显短板。

2. 问题及分析

一是学生的"审美素养和人文素养"有待加强。学生的艺术专业知识、技能整体水平较高,但在艺术情感表达上相对欠缺。如部分学生缺乏对乐器及演奏曲目蕴涵的思想、文化、情感等的基本认知与理解,缺乏审美体验与感知,艺术表现力、感染力比较欠缺。必须扎实推进以"审美素养和人文素养"为核心的、面向人人的学校艺术教育。推动"以美育人、以美化人、以美培元"艺术教育理念从课堂教学、艺术实践、艺术展演到管理评价、教师培训的全过程渗透。

二是学生的艺术创作能力比较欠缺。"创造与表现"作为义务教育阶段艺术教育的三大目标领域之一,是学生艺术综合能力的重要反映。然而,通过抽测发现,艺术团中有过艺术创作经历的学生比重很低,体现高水平创造思维的艺术创作更是微乎其微,从根本上来说,是学生"艺术(化)思维"欠缺的表现。要借鉴当前国际艺术思维领域的经验,通过本土化的改造,强化在艺术教育中发展学生的创意、创造思维的能力。

三是学生的艺术素养个体差异较大。通过调研发现,学生艺术素养的个体差异较大。一般艺术素养培育与个性化特长培育的协调发展值得关注。但目前数据的挖掘尚未涉及对学生个体尤其是典型个体的深度评价和分析,需要后续的测评从广度和深度上优化数据的收集和分析,为艺术教育中的因材施教提供更多参考。

四、区域学生艺术团艺术素养测评的思考与展望

艺术素养评价是学生评价的难点,我区的探索也尚处在起步阶段,后续拟从以下几点着手进行优化:一是将艺术思维融入评价指标,进一步优化测评指标体系,探索科学测评方式,关注学生艺术思维的发展。二是在总结抽测经验基础上,不断优化测评机制,推进"市、区、校"三级学生艺术团艺术素养测评工作的常态化开展。三是用好学生美育工作综合管理平台和学生艺术素养成长档案,持续做好学生艺术素养及学校艺术教育的相关信息、数据的收集分析,深化学生艺术素养测评的质性评价和增值评价,为推动区域艺术教育的高质量发展提供数据支撑。

戏剧美育中剧作选材的方法探析

——以区学生艺术节戏剧专场原创作品为例

上海市杨浦区少年宫　丁梦然

戏剧作为一项综合性艺术，蕴含着独特的美育价值。戏剧在舞台上的呈现依托于“戏剧文本”，在戏剧美育中的意义不言而喻。剧作选材和素材的有机编织既能体现戏剧本身的思想导向与育人目标，也决定作为导演的教师在排练过程中采取何种引导方式和教育手段，从而影响美育的渗透程度。

近两年，我区学生艺术节戏剧专场原创作品已经突破50%。不同于改编或直接照搬的作品，原创戏剧更能反映出当代校园生活和学生群体多元化、个性化的面貌。笔者通过少年宫在学校搭建的基地平台，在区域多所学校开展社团建设和剧目排练工作。结合笔者自身实践，聚焦优秀校园戏剧原创作品进行针对性分析，旨在为教师探究剧作选材提供一定的方法和思路。

一、原创剧作选材的美育价值

选材，即剧本的题材选择。校园剧目的编创往往是创作者从对校园、家庭和社会生活的观察与理解出发，从中选取特定的人物、事件进行艺术化加工而形成演出的素材。这一系列过程，离不开作者对客观世界的主观态度，具有特定的价值观、审美观、人生观的输出。学生通过参与戏剧创作与演出，以“身临其境”沉浸式的方式获得全新的生命体验与独特的观察视角，潜移默化地得到“教化”。

“美育是审美教育、情操教育、心灵教育，也是丰富想象力和培养创新意识的教育，能提升审美素养、陶冶情操、温润心灵、激发创新创造活力。”国务院办公厅《关于全面加强和改进学校美育工作的意见》明确了美育的定义和要求。对照与体悟有关文件，可以引导我们思考哪些题材更具备从校园生活中提炼、书写与呈现的价值。

在戏剧创作中，被选择的题材就如同是“载体”和“风向标”，承载学生要模仿的对象和体验的精神世界，引导学生对不同的观念进行思考、判断和学习。

二、原创剧作选材的基本思路

选材是剧本创编的“第一道工序”。从美育的要求和学生身心发展的阶段性特点出发，可以考虑以现实生活为基础、以认识自我为途径、以融会知识为方法等切入点进行题材选择。

（一）扎根现实，弘扬家国情怀

戏剧就像是一扇映照现实的窗户，能够促进参与者进行观察与反思，天然携带优质的美育基因。从 2020 年到 2021 年，我们见证了许多难忘的中国故事。《推开窗》通过讲述孩子们克服种种困难，陪伴家长远赴疫区一线的同学庆祝生日的故事，从学生视角感悟“战”疫精神的伟大。《烽火中的孩子》带领观众重回民族危亡之际，学生们再现同龄人用戏剧宣传抗日精神的事迹，民族情感在演绎的过程中得到培养与升华。《英雄之名》让当代高中生穿越至朝鲜战争时期，在枪林弹雨中直面烽烟滚滚年代里的英雄人物，立下为祖国续写伟大复兴诗篇的远志。“建党百年”“抗击疫情”是时代热点，将相关题材搬上舞台，从“扮演”和“观摩”的层面都有益于学生增强精神力量和提高文化自信。

（二）关注心理，鼓励自我抒发

蔡元培先生将“美育”的概念从德国引入中国，曾提及人的精神由三个部分构成：知识、意志和情感，强调用情感推动和健全人的心灵。青少年处于情绪情感日益增多，而实际表达却“由外向内”转变的阶段，拥有情绪疏导和表现情感的渠道对他们尤为关键。美国的戏剧教育家贝克也指出真正的戏剧应该充分“调动人的情感”和准确“传达人的情感”，让戏剧成为情感教育的有利途径。因此，在作品选材中要走进和关注学生微妙情感，鼓励青少年通过戏剧作品认识自我和表达自我。《别人家的孩子》从亲子关系出发，借大量主角的“独白”直抒胸臆，寻求家长的共情与理解。《竞选》将笔触对准校园里的“动漫”爱好者，喜爱二次元的他们也梦想成为闪光少年。《抬起头》带我们观察手机对生活和学习的影响，思考这个私密性极强的物品与青少年情感的密切连接。当他们通过塑造角色传达内在需求，当我们透过剧中人物聆听青少年的心声，也就在校园中播下了阳光、健康的精神种子。

（三）融会知识，寻求题材开拓

戏剧艺术作为一种教育手段，可以广泛地应用在各个学科。在很多的作品中，我们看到了类似“教育戏剧”(Theatre In Education)这种教学方式展开的可能性，也就是在戏剧情境中融合语文、生物、历史、化学等课程知识的学习，让学生在情节的引导、角色的代入中触类旁通。这些作品区别于“教育戏剧”是情节完整的小戏，但这在一定程度上扩展了校园剧题材的范围。《拯救 e 行动》主线是两个学生在寒假期间偷偷溜回学校喂鱼，但副线却对特色“生态系统”进行了细致地描写，以生动有趣的方式给学生演员和观众普及了环保知识。《绿化与车位》通过几位同学共同研发“护绿停车位”的故事，展现了保护环境、团结协作等主题，在剧中老师的引导下，同学们群策群力解决问题的过程同样起到了科普的效用。可以看到，这类题材从内容上具有一定开拓性，也切实地帮助学生通过戏剧这个媒介获取多方面的成长。

三、剧作素材的编织方法

选好题材只是第一步，处理和加工创作材料对于怀抱“美育”目标的剧作者来说同样非常重要。不同于一般的创作，作者需要合理地拼贴素材以吸引学生进入剧情，激发相关问题的启迪，从而达到有效地教化。

（一）以史为镜，编织双线结构

戏剧结构是对素材的安排和整体的布局，巧妙地搭建结构往往对主题的揭示有重要作用。校园剧受篇幅限制，线索需要简单明了，“历史—现实”照应的双线结构很适用于小戏。譬如在《烽火中的孩子》中，主线写临青学校歌咏队在炮火中解散，副线则写当代学生决定报名在旧址场馆当讲解员的心路历程。《英雄之名》则直接安排在现实生活中渴望当“电竞英雄”的高中生穿越到战场。这两个作品都是将“当下”与“历史”两个维度的素材进行结构性对比，鼓舞当下的学生奋斗拼搏，明确新一代年轻人的使命。

（二）以情动人，注重人物关系

情感是人与人产生连接的纽带，也是学生进入“角色”和故事情境的润滑剂。

在选材时,我们要着重分析素材中的人物设置是否有延展戏剧性的可能。一般而言,人物之间产生的冲突随之带来的关系变化常常能引起观众的情感共鸣并触发思考。《“筝”我少年》中主角飞飞和李想这对好朋友因竞选“红船风筝手”而发生矛盾,关系的变化和情感的失落促使二人对“红船精神”产生新的认识。《真假家长》将戏剧性置于“父子”“师生”这两对人物关系上,从师生情和父子情入手探讨“双减”下家校沟通的有效方式。

(三)以人为本,捕捉独特人物

古今中外的成功剧作留下了一个个栩栩如生的人物形象,主题是作品的灵魂,而主题必须通过人物形象来体现。在校园剧的创作中,不能像大戏那样从各个侧面展现人物,在选材的时候必须考虑选“人”,找准一个“独特”的点,将人物传神地立在舞台上。在《鸽子大王》中,创作者刻画出网红博主“鸽子大王”这个特别的学生形象,他突然向粉丝“告别”引发了热烈讨论,从而延展出对平衡学习和爱好这个两难问题的思考。《我们不要妈妈帮》中,一位取名为“写作业不要妈妈帮”的老师混进了同学们的QQ群,发动自主学习实验以解决父母与孩子之间的矛盾,智慧、风趣的教师形象促使我们反思建立良好亲子关系的必要性。

本文通过对原创校园剧选材和素材编织方法的分析,探究在戏剧美育中引导学生形成良好的历史观、文化观和国家观的路径,寻找帮助学生建立健康的审美趣味、发展道德和平衡身心的方法。值得思考的是,我们在践行“美育”的过程中如何真正做到“寓教于乐”,并进一步加强艺术性、趣味性和教育性的平衡?该问题有待我们在今后的实践中继续探索。

提升学习者关键能力的校外生物“NATURE”课程实践与探索

上海市宝山区青少年活动中心　成洁瑶

NATURE 课程是由自然、行动、真实、联合、研究、乐享六大要素构成，以提升学习者十项关键能力为目标的校外生物科技教育项目特色课程，主要代表课程有“建造我们的植物园”“为动物伙伴建一个家”“自然造物”“未来城市景观设计师”等，围绕“真实情境、深度探究、创新表达、多元评价”几个环节进行课程的实施与操作，引导学生通过对身边真实问题的关注提升观察与分析能力。通过深度研究、积极行动，学生可学习整合多学科知识和技能，提升创新与实践能力。通过团队合作、创意表达等方式，学生可提升合作及表达能力。通过在实践活动中体验感悟，学生可获得关于自我、自然、社会的真实体验，在活动中体会学习的乐趣，提高感受能力，建立人与自然社会的深度联结，理解责任与担当的含义，提升生态文明意识及价值观。

一、课程背景

依据发布的《上海市校外教育项目课程指南》开启了校外生物科技项目课程改革的探索之路，活动中心依据校外教育的特点，分析学生的实际情况，构建具有校外生物科技教育的特色的 NATURE 项目化学习课程。

二、命名与要素

NATURE 一词本义是自然，也指本质。“NATURE”一词包含着我们对课程的定位，学生通过对自然的探究，实现关键学习能力的层层提升。“N”代表“nature”，即自然；“A”代表“action”，即“行动”；“T”代表“true”，即“真实”；“U”代表“unite”，即

"联合";"R"代表"research",即"研究";"E"代表"enjoy",即"乐享"。寓意学生联合在一起通过对身边的自然世界某一问题进行深度的研究,以实践行动解决实际问题,深度参与并乐在其中的学习。

进一步梳理课程要素,将 NATURE 课程确定为面向真实自然世界的项目化学习课程,使学习者在大自然和大社会紧密相连的深度学习过程中,达成十项关键能力的提升。"NATURE"课程六大要素结构及学习者关键能力提升相应关系见图 1。

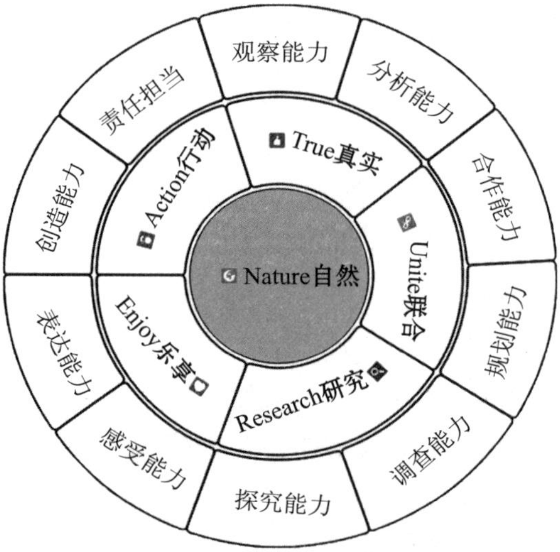

图 1 "NATURE"课程要素及关键能力提升关系

从图中我们可以直观感受到 Nature 的核心地位:课程问题在自然社会中情境中产生,课程的内容源于自然,探究实践过程就是真实自然的学习过程。

三、设计与实施

NATURE 课程的操作与实施,面向学生生活的自然世界,通过真实情境、深度探究、创新表达、多元评价四个流程来完成真实自然的学习。"建造我们的植物园""为动物伙伴建一个家""自然造物""未来城市景观设计师"等,就是在 NATURE 课程体系框架下的探索与实践。在课程实施过程中主要运用了以下策略:

(一)"N+T"观察自然环境,创设真实情境,提出真实问题

真实情境是指与学生生活有关联的,具体的任务和探究活动。真实的问题情

境能起到激发学生内在学习动机的重要作用，NATURE 课程中的主题来源于学生生活，从真实的生活中挖掘课程资源，引导学生留心观察周围的自然环境，善于发现生活中的真实问题。例如在"为动物伙伴建一个家"课程中，通过引导学生仔细观察我们身边的自然环境，发现身边小动物们生活的真实情境，提出了"如何为我们身边的动物伙伴建一个合适的家"这一问题，在这一环节主要的能力目标是提升学生的观察与分析能力。

（二）"R＋A"进行深度研究，积极开展行动，促进深度学习

NATURE 课程利用新的技术方式支持学生进行调查、研究、探究、分享和跨时空的深度学习，以积极的实践行动让学生在解决实际问题中构建多学科融合的知识体系，引导学生在实践探究过程中关注科学本质，理解和把握项目背后深层次的意义，增加高阶思维的运用。例如在"建造我们的植物园"课程中针对身边植物多样性调查时，指导学生学习使用"中国国家标本平台"和"上海数字植物志"对采集的植物样本进行科学调查、比对和鉴定，使用 Xmind 软件绘制思维导图，厘清复杂问题中的逻辑关系。在项目作品规划设计时，运用绘图工具和 Discovery Education 图形化编程软件等，设计规划各自独特的植物园。在具体实践过程中给予学生二次探索和优化方案的机会，使学生在深度学习中提升调查、探究、规划、创造等关键能力。

（三）"U＋E"联合多方资源，创新表达方式，乐享学习过程

1. 联合力量，汇集资源。建立项目合作小组，联合一切可以联合的力量，汇集一切可以聚集的资源，小组成员间紧密合作，加强家庭教育对于活动的参与度，充分利用社会丰富的教育资源，强化共育格局，构建"学校—家长—社会"多维学习空间，为学生的持续学习提供支持和保障。

2. 创新表达，成果物化。作品的创意物化是学习与实践结果的有效检验方式，在 NATURE 课程中学生需要综合运用数学、计算机、工程等多门学科知识和 3D 打印笔、新型材料、测量工具等，在作品物化过程中还需要对自身的审美修养、空间构建能力、动手制作能力综合调动，在学以致用的过程中提升实践与创造能力。

3. 乐享学习，担当作为。"乐"是高层次的学习境界，古语有云"知之者不如好之者，好之者不如乐之者"。学习者在课程实践中能否体验到学习的乐趣是 NATURE 课程设计的关键考量。体验性和价值感是两个关键因子，只有丰富学生的体验，以及让学生在课程中体会自身的价值感，引导学生在人与自然和谐相处中

发现成长的美好，带动更多人追求自然和谐的美好境界，形成生态文明观念和意识的责任担当，才能让学生切实领会学习的价值，提高社会责任感。

（四）多元评价，关注过程与结果，促进能力发展

NATURE 课程重视发展性评价，主要以关注学生的关键能力发展为指向，以过程性的材料、行为表现、成长档案袋、作品成果等为载体，通过观察、交流汇报、成果展示等形式，检验和评价学生的阶段学习情况。评价主体由学生本人、小组成员、专家教师、大众评审团等共同组成，对其在学习活动中的能力、情感、态度、价值观等方面予以综合评价。运用多元评价方式，促使学生不断认识自我、发现自我、激励自我，实现能力素养的全面提升。

四、案例与分析

以“未来城市设计师”为例，创设真实情境：选择上海的一片社区，以“城市设计师”的身份发挥创意设计和规划，打造心目中理想的未来城市社区。深度探究：当下的城市社区是否已满足人们所有的需求？目前的城市社区还存在哪些问题？未来的城市社区建设还可以在哪些方面进行创新优化？学生以小组形式，进行资料分析、调查访谈、实地观察、头脑风暴等方式对该问题进行深度研究。创新表达：教师为课程的实施提供资源和技术保障，学生以设计师的身份共同搭建未来城市社区实物模型，从景观设计、城市绿化、道路空间、居住社区等方面进行统筹考虑，考虑人与自然的和谐关系，将头脑中的创意思维用可视化、实物化的方式进行表达，在创意物化过程中综合应用科学、设计、工程、美学等多学科知识与能力，在实践中创新，在反思中感悟，在感悟中升华认知与思考。多元评价：在活动结束后，学生先进行自我评价，展示自己在活动中取得的照片、资料、视频等各种资料，形成“小小设计师成长档案袋”，然后每个小组进行作品发布会，交流分享，同时邀请相关专家进行专业评审，分别评选出“优秀规划师”“创意设计者”“制作小达人”“最佳展示员”等奖项。

回顾来路，从无到有。作为科技教育的重要阵地，我们责任在肩，探索实践 NATURE 课程以发挥其重要的育人价值，落实立德树人根本任务，提升学习者关键能力，我们始终在路上。

校外小记者社团主题单元课程开发的实践与研究

上海市宝山区少年宫　曹丽丽

主题单元课程是指以某一主题为核心，综合各学科的内容及教学方法，以主题单元的形式呈现，是一种整合性较强的课程教学体系。在这些课程中，学生活动兴趣和参与意识得到提高，学习方法和途径得到改进，创新精神和实践能力得到增强。校外小记者社团以主题单元课程的模式进行课程架构，将更加有效地整合社会教育资源，校内外学科、项目资源，跨界融合，丰富课程内容，凸显校外教育的灵活性、多样性、实践性的特征，使活动更具有教育意义，更富有魅力。

一、“小记者”主题单元课程目标

本宫小记者通过招募面试录用。从调查问卷中了解到，小记者期望进一步提高写作能力，通过采访、与人交往提高自信与胆量。可见，开展小记者的职业体验活动，既要提升小记者的专业能力，又要提升品质能力。因此，小记者团以认识小记者、学做小记者两个学习模块提出“小记者”主题单元课程目标。

二、“小记者”主题单元课程内容

做小记者是一种职业体验，采写新闻是重要任务。小记者团依据主题单元课程目标，把认识小记者、学做小记者两个学习模块拓展开来，围绕“记者”这一职业特点，整理“小记者”主题单元课程学习内容。

三、"小记者"主题单元课程实施

(一) 主题单元课程设计具有灵活性

主题单元课程活动是小记者的一段学习经历,为了让这段学习经历更加精彩难忘,需要注重主题单元课程的设计。根据学生的兴趣爱好,大赛活动、社会热点、场馆资源、日常生活等要素,灵活地设计多姿多彩的主题单元课程。

"我和我的祖国"经典诵读活动,结合社会热点开展"迎接党的二十大,采访身边大榜样"等主题单元活动,充分运用社会人力、物力资源,具有鲜明的时代特征,提高小记者社会参与能力和责任担当意识。根据市少儿新闻大赛活动设计主题单元活动,实现以赛代练,充分锻炼小记者的各项能力;结合区域各项文化艺术活动,开展现场采访等主题单元活动,增加了同龄人之间的对话。根据本区域丰富的场馆资源设计的"寻宝我快乐"等主题单元活动,亲身感受区域经济和文化事业的发展,树立少年志向和责任感,主题单元课程设计和平日的生活也密不可分。

由此可见,"小记者"主题单元课程设计是灵活的,呈现的主题单元课程是多姿多彩的。一个个主题单元活动锻炼了小记者采、编、播的实践能力,并引导他们关心身边人,关注身边事,提高社会责任感。

(二) 主题单元课程结构具有稳定性

1. 主题单元课程结构。"小记者"主题单元课程结构体现"课程内容就是学习活动"的观念。以活动为主的课程,注重课程与社会生活的联系,强调学生在学习中的主动性,让学生积极从事各种活动。调查问卷显示,小记者普遍对历史题材、社会现象、优秀传统文化、科技创新有着较为浓厚的探索兴趣,小记者团以"红色基因 、文化生活、非遗传承、科技奥秘"四大方面,设计和开发了四大系列主题单元课程。

"小记者"四大系列主题单元课程由一个个主题单元活动构成。系列主题单元课程活动,让小记者接触丰富多彩的大千世界,参与健康有益的采访活动,了解党和国家对少年儿童的亲切关怀和殷切期望,真切地感受时代对少年儿童成长的新要求,体验当新闻记者的"酸甜苦辣"。当然,"小记者"主题单元课程结构内容,要注重深层次的学习构建。

2. 主题单元课程结构是稳定的。一个"小记者"主题单元课程结构包括准备阶段、实施阶段和总结阶段三个纵向的维度，在整个学习过程中体现“采访、编写、传播”三个横向的学习模块维度，课程目标侧重于小记者的某一知识技能和主题相关的品质素养。

以“四行仓库我们来了”主题单元课程为例，课程目标主要围绕“提问设计”这一知识技能进行操练。准备阶段以采编为主、实施阶段以采写为主、总结阶段以播报为主。通过准备、实施、总结三个阶段的学习活动，牢固掌握 “提问设计”这项本领。在主题单元课程实施中以“准备、实施、总结”三个阶段为经度，以“采访、写作、传播”学习模块内容为纬度，经纬交错，形成一个有序的实施网络，这样的结构适用于每一个主题单元课程，“小记者”主题单元课程结构是稳定的。

（三）主题单元课程资源运用具有协同性

1. 主题单元课程资源。课程资源是指学习过程中被学习者利用的一切人力与非人力资源，主要包括信息、资料、设备、人员、场所等。课程资源是教师有效实施和学生主动学习的媒介和载体。小记者团近年来充分发挥校外教育机构的优势，整合区域内社会教育资源、学校教育资源、相关的活动资源、家长教育资源，设计“小记者”主题单元课程资源列表。

2. 主题单元课程资源的协同性。协同性指的是课程资源运用的协同性。“小记者”主题单元课程在实施中，协同好课程资源，助力活动重难点的突破是非常有效的。第一，需要选用好实践锻炼的场馆，选择时可以根据学生的兴趣、当下的时事热点，和主题单元课程紧密结合，并运用好活动场所人力物力，为学生的活动开展协同做好准备。第二，需要整合校内外的学科资源，发挥专业教师的力量，参与指导学生的活动，协同培育学生，帮助小记者在课堂中有更好的表现，课后更好地学以致用。

综上所述，“小记者”主题单元课程设计是灵活的，课程结构是稳定的，课程资源运用是协同的，这是“小记者”主题单元课程实施的三个基本策略。

四、“小记者”主题单元课程评价

课程作为一种专业的最重要的标志在于评价，课程评价围绕小记者学习目标，不仅仅是对知识和技能的评价，更注重对小记者核心素养学习成效的综合评价；课程评价的方式不是教师对学生单一性的，而是采取学生自评、互评等多元性的；评价视角不是终结性的,而是过程性和发展性的,不能简单地看重和追求教育结果,而是更加重视过程,更加重视学生兴趣的满足和个性的发展。

1."积分制"评价法。"积分制"评价法属于过程性评价方法,能有效激发学习兴趣,提升自我管理能力。小记者们可以按照积分要求给自己的学习活动进行积分。"积分制"评价结果为评选优秀小记者提供依据,并可以及时反映学生学习中的情况,促使学生进行反思和总结。学生自评、互评的方法,可以使学生把握正确的学习方式,树立正确的学习动机,掌握适合自己的学习策略,从而真正提高学习的质量与效果。

2."档案袋"评价法。档案袋评价法是常用的发展性评价方法。建立小记者"主题单元课程"学习档案袋,可以较全面地考察小记者平时的学习情况,使他们从消极应付者转变为主动参与者。档案袋的功能主要表现为"存""反思""交流"——存放自己的作品、对学习过程进行反思、学生互评和交流,也可以使教师和学生针对学习与个人发展进行对话。这样的对话也可以在师生、生生、家庭之间进行,课堂就变为学习的实验室,有助于学生在获取新的知识与技能的同时能够思考,也有助于全面地评价一个学生。

3."参与性"评价法。在制定评价内容和评价标准时,教师可以更多地听取学生的意见,可以让学生一起参与设计技能评价表。如"采访提纲星级评价表"中评价项目及要求就是由师生共同设计的。一位小记者就采访问题的评价要求指出"问题清晰"这一标准提炼还不够精准,是否可以改为"有逻辑性",也就是提的问题要由浅入深,问题之间要有层次和递进。所以,运用发展性学生评价方式可以改变学生一味被动接受评判的状况,发挥学生在评价中的主体作用。

4."任务单"评价法。任务单既是任务驱动,也能检测任务完成情况,便于学生做出自评和互评。有时候任务单即评价表,反映小记者任务完成情况。表现性评价非常鲜明地指向学生活动目标,将学生置于真实的任务情境中,要求其执行一定过程或创造出产品,对学生"做"的能力做出评价。学生完成表现性任务要花费一定的时间,有利于获得全面发展。

未来,校外小记者社团课程发展之路任重道远。愿本文所探讨的内容,能引起更多同行开展校外小记者社团课程的研究和讨论,并在这一领域的探索中渐行渐深。

非遗文化“女书”育人项目课程开发及实践探索

上海市宝山区青少年活动中心　陈　斐

一、什么是“女书”

“女书”是世界上独有的女性特色文化资源，是中华文明史深处的记忆符号，承载着千百年历史的文化。“女书”是现在世界上唯一由女性发现创造的文字，20世纪80年代一经发现便引起了海内外的关注，成为我国首批国家级非物质文化遗产，曾在湖南省江永等地流行，是当地一种方言，只在女性群体中传播和使用。它的文字呈长菱形，秀丽纤细，造型奇特。以“女书”文字创作的女书作品——诗、歌、女红等，称为“女书文化”。

二、“女书”的育人价值

“女书”像一串串灵动的音符，靠母传女、老传少，一代代传下来，有其巨大的存在价值。作为母亲文化，女书具有教化功能、传授功能。以“女书”创作的作品内容丰富，不仅使妇女的聪明才智得以升华，同时也传承了知识、伦理。它的传承和学习本身就是一种教育活动，它的教育功能体现在德育、智育、美育、劳动教育、心理教育等方面。

“女书”反映了中国女子丰富的想象力和巨大的创造力，是智慧的结晶。会女书的女子被称为“君子女”，注重家庭、尊老爱幼、母慈子孝、亲友和睦，“女书人”传授着宝贵的精神财富。“女书”的价值值得今人去了解和挖掘，感受中华文化之美，建立文化自信、发扬中华美德，以美育德、以德树人，也是“女书”献给世人最珍贵的礼物。

三、“女书”的困境与当代家庭教育的思考

习近平总书记指出:“推动中华优秀传统文化创造性转化、创新性发展。这是我们做好文化遗产保护工作的基本指南。”然而由于历史原因和传播的局限性,“女书”曾一度濒临灭绝,后经政府、专家抢救才得以保存。各界学者、艺术家、教育家也在不断地研究发掘女书,希望用不同的形式让这宝藏文化得以传承和保护。文化的传承需要教育,教育也是保持女书生命力的重要途径。女书的传播是以家庭为单位展开的,以女书为媒介,发挥妇女在弘扬中华民族家庭美德、树立良好家风等方面的独特作用。

党的“十八大”以来,习近平总书记站在培养担当民族复兴大任时代新人的高度,向全党全社会发出了注重家庭、注重家教、注重家风的动员令,并就家庭教育作出一系列重要论述。党的十九届五中全会提出,要健全学校、家庭、社会协同育人机制。家校合作的根本目标是立德树人,利用青少年活动中心专业的设备设施和课程资源,既能防止家校合作内容过于学校化和知识化,又可以提升家长的榜样力量达到合作育人目的,进一步探索“女书”育人的教育目标。

四、“女书”育人项目的开发和实践探索

(一)非遗文化“女书”当代育人模式的依据

笔者通过文献研究和实地调查走访,分别对“女书”的传承方式、对象、艺术活动、功能要素、特性进行了思考与提炼,探索其育人价值及对当代的教育启示。为家校合作的“女书”育人课程开发与定位、活动对象、活动内容设置等提供了依据与思路。

1. 传承方式:老传少、母传女。“当代”传习方式可借鉴推广为:母女共同学习、家庭教育。

2. 传承对象:母女、姐妹、姑母、同龄女孩。“当代”传习对象可借鉴延伸为:母女、姐妹、闺蜜、女子学校、幼儿教师、学生社团、社区、妇联、其他女性团体以及对“女书”文化感兴趣者。

3. 艺术活动:诗、音乐、女书、书籍制作、剪纸、花带编制。“当代”艺术活动可拓展提炼为:美学、雅文化、音乐、创意手工等。

4. 功能:交际、凝聚、娱乐、调适、习俗、礼仪、教化、传授、少儿启蒙教育等。"当代"教育活动总结提炼为:德、智、体、美、劳。

5. 要素:女书文字、方言。对"当代"项目的内容要素可借鉴提取为:女书文字、当代语境、诗词。

6. 特性:家庭教育、倾诉、鼓励。"当代"特性融合深化为:家庭教育、阳光文化、自我认同、审美提升。

(二)开发德美结合的"女书"课程

1. 女书传承课程:传承与传播女书非遗文化,普及"女书"非遗知识。开设"走进女书"课程,内容包括:妈妈与女儿、"女书"的前世今生、"女书"的艺术发展、学写女书"福"字、"女书"与24字社会主义核心价值观。

2. "女书"拓展课程:将"女书"的内化功能(如交际、凝聚、礼仪、调适、启蒙等)与现当代人们的精神需求相结合,融入琴、棋、诗、画、书、花、香茶等雅文化美学课程,兼容并蓄。丰富学生的精神世界和文化素养,打造阳光文化,以美育德、以德树人。开设"学当'君子女'"课程,内容包括:茶香袭人、禅意插花、礼仪手舞、空灵鼓、古风摄影。

3. 女书创意课程:将"女书"文字元素融合当下时兴的手工方式开设"女书"艺术创意课程。开设"趣识女书"课程,内容包括:花语秘扇、女书绘石玩、女书压花书签、女书文创。

(三)组建"女书"社团,探索家长进课堂的育人形式,促进家庭美育

组建区内的"海派淑女"女书非遗社团,通过家校合作、家长进课堂的育人模式,使母女之间的默契度、学员之间的配合度得到显著的提升。实践发现,"家庭美育"的执行者与核心是家长,而妈妈在孩子的家庭教育、美育启蒙上起着重要的作用。妈妈通过在课堂上所习得的知识,学会用美的事物去影响孩子,让孩子拥有美的素养,为他们形成美好的人格奠定基础。在学习的同时,家长不仅提高了自身的人文素养与艺术审美,也促进了亲子关系,加强了与老师和其他家长的交流,同时也开阔了自己的眼界。妈妈的亲身示范,起到了榜样的作用,让孩子在潜移默化中懂得分辨善恶是非,远离丑恶和犯罪,在养成良好的行为习惯的同时也拥有高尚的品德。

(四)通过课程与活动的多元导入,积累了以"女书"文化为特色的家校合作的育人案例

除了日常的课程外,学员还参与"女书"项目的展示教学、展演、艺术展览等活动。在"花语秘扇"的女书课程中,学员们不仅学会了"女书"文字的设计创意,还学会了颜色的搭配,最后母女身穿汉服拍照留念,并留下了照片集。

女书班学员在日常家庭生活中,也会将课程中所习得的内容延伸。比如,过年时,母女共同写"女书"的福字与挂轴,装饰家庭或赠送亲友;在"家庭女书坊"进行摊位展示,宣传"女书"文化、家庭文化,母女担任摊位老师,教周围的学生与家长体验"女书"书法、制作"女书"书签、体验空灵鼓等;学员的课程作品还会走出课堂,走近社会开放的美术馆。课程与活动的多元导入,积累了以"女书"文化为特色的育人案例。

(五)设立"女书"特色工作室,提供文化艺术的校外育人场所

"女书"特色工作室分为教学讲堂区、艺术创作区、展示展览区,为本区青少年提供学习非遗手工艺、学习了解"女书"文化的场所。为开展本区教研活动,普及"女书"文化提供艺术创作场地,营造学习创作的氛围。"女书"工作室通过参观、讲座、艺术沙龙等方式,指导与引领青少年活动中心的创新工作,引导全区青少年了解、体验我国非物质文化和手工艺制作,了解"女书"文化,提升全区学生的艺术人文素养。

(六)将"女书"元素与文创设计结合,探索"女书"非遗文化的传承之路

古老而隐秘的"女书"文字,距离我们很遥远,文字图案化的设计与应用也相对直接、粗放。为了让学员更直观地感受"女书"的魅力,笔者带领学员们制作了"女书"书签、"女书"石玩项链、"女书"团扇、"女书"葫芦车挂等手工创意品,通过电脑设计,将这样古老且具有感染力的文字做成文创产品。希望"女书文字"被更多的年轻人接受和喜爱。为探索"女书"非遗文化的传承,形成有价值的参考经验。

校外教育课后服务素质教育项目课程的开发与实践研究

上海市奉贤区青少年活动中心　杨清风

为全面落实“双减”政策和教育部“五项管理”要求，奉贤区教育局提出，建设高质量的义务教育学校课后服务体系是人民群众对美好教育的期待，要以学生为本，努力做好“课后服务”工作，强化学生“课后服务”时间内的学习实践体验，提升学生综合素质，努力探索促进学生全面发展的课后服务路径。

然而，当前区中小学校课后服务课程化实施存在数量不足与内容单一、结构化与体系化不强、规范性与科学性不够、教师负担过重和专业师资缺乏等问题。为此，奉贤区青少年活动中心要聚焦“落实双减任务”的教育使命，主动担当，探索如何更好地应对学校课后服务的急迫需求，构建一个创新、开放、共享的“校内外素质教育协同育人项目课程开发、应用与评估体系”，助力学校课后服务水平提升，满足学生多样化的学习需求。

一、课程开发流程

（一）明确导向，懂政策、懂教育、懂孩子

课程教育的导向：“三懂”即懂政策、懂教育、懂孩子。懂政策，读懂《教育部办公厅关于进一步明确义务教育阶段校外培训学科类和非学科类范围的通知》；懂教育，领会教育部官网发布《中小学生校外培训材料管理办法（试行）》的精神；懂孩子，活动应符合学生身心发展规律。

（二）确立目标，打造惠及每一个青少年学生的素质教育项目课程

校外教育课后服务项目课程建设要积极推进校内外一体化机制，形成覆盖不

同年龄段学生、满足学生不同兴趣爱好的丰富多彩的校外教育活动项目;实施符合学生身心发展规律、个性发展和能力水平的校外素质教育项目课程;提高素质教育项目课程资源的利用率,实现资源共享及效益最大化。逐步打造由权威引领、政府主导、社会共建、基于信息化智能应用的“贤课后教育平台”,让优质的素质教育资源惠及每一个青少年学生。

(三) 构建模式,提升进校课后服务课程质量

1. 课程整体设计。课程包括:课程简介、课程理念、课程目标、课程大纲、课程教学案例、课程成效评价。

2. 教学设计要素。教学设计要素包括:课题名称、教学任务分析、教学目标、教学重点和难点、教学资源、教学设计思路、教学流程、教学过程、板书设计、活动任务单。

3. 课程教学设计体现“三个一”。设计一个有吸引力课程名称、设计一个受学生喜欢的课程内容、设计一个科学适切的课程实施计划。

(四) 强化责任,构建“三位一体”的工作机制

课后服务是一项系统工程,需要各方的共同关注、配合和努力。奉贤区在实践中构建了行政推动(区教育局)、专业支持(区教育学院)、学校自主(区青少年活动)“三位一体”的互动运行机制,为推进课后服务提供了有力的支持和保障。“项目课程开发研究中心”由区教育学会、区学生协会、区“四院一团一部”负责人及大学有关专家等八大专业协会进行把关。组织科技、艺术、体育、综合四大领域的二十多位专家,对申报的项目课程与项目资源进行了“三横三纵”的立体化评审与遴选。对课程的内容质量、实施过程等方面进行了三轮严格审核,保证入校服务的高质量供给,最终评选出 80 门(科技、艺术、体育、综合四大领域各二十门)“素质教育课程项目”供基层学校进行浏览和遴选,用心服务青少年学生的健康成长。

(五) 夯实基础,提升课程领导力,为推进课后服务提供持久动力

1. 坚持课程备案制,夯实学校课程建设能力。从课程开发以来就建立了课程备案制。由行政牵头,协同研修部门,对课程计划、纲要等管理文件进行审核,整体把握学校课程建设情况。对区内学校课后服务负责人进行课程管理培训,引导学校以课程建设带动学校特色发展。课程备案制不仅为规范进校课后服务课程实施提供了有力保障,更为夯实校外教育课程建设能力提供了重要平台。

2. 加强研讨培训，提升校外教育课程领导力。公办校外教育单位助力中小学课后服务，不仅要做到“授人以鱼”，更要重视“授人以渔”。课后服务开始后，课程开发中心多次召开区“四院一团一部”负责人会议，组织推进“双减”，构建高质量“进校服务素质教育优质项目课程”体系论坛，分别召开“科技、艺术、体育、综合四大领域”中小学课后服务教育教学工作研讨会；开展“双减”工作的“大学习、大讨论”，聚焦课后服务；加强对学校课后服务项目负责人的培训，进一步达成思想共识，引导学校从一体化构建课程体系出发，选择“进校服务素质教育优质项目课程”。

二、课程实施方案

依据我国学生发展核心素养体系，工作方案的指导思想、培养目标和基本原则是突出学生核心素养发展的核心地位，制订适应课后服务工作的学生核心素养育人目标，形成课后服务素质教育项目课程体系实施工作方案，并通过不断综合、反思和创新，使其具有更强的实践指导意义。

三、效果分析

本次实施效果的评定以问卷法和访谈法为主，针对课后服务工作中学生核心素养落实情况、家长满意度以及课后服务工作的影响因素等问题，进行统计和分析。

（一）课后服务着眼于学生综合素养的效果分析

学生问卷分为课后服务类型（兴趣类、特长类和实践类）和课后服务评价（内容、教师和环境）两个部分，分别对应八种核心素养：自我效能、乐学善学、勤于反思、主体意识、社会责任、创新意识、健全人格、勇于探究。问卷显示，八种核心素养的均值都在1.22—1.32之间，更接近1，说明参加课后服务的学生在综合素质方面有较高的发展。通过方差分析、探究活动种类对学生核心素养发展的影响，其结果显示$F=0.236$、$p>0.05$，说明不同活动类型的综合素质不存在显著差异，三种类型的学生都认为自己在课后服务中取得了进步。

（二）学校管理者眼中学生核心素养的培养情况

通过访谈得知，学校管理者认为，课后服务项目课程使其切实感受到学校的学习气氛更加浓厚,学生的精神面貌和综合素质得到极大提高。通过课后服务活动,学校培养了一大批优秀的特长人才。

(三) 课后服务解决家长后顾之忧的效果分析

问卷中第14题为家长对课后服务课程的满意度,通过分析得出,对课后服务内容的喜爱程度和家长满意度显著呈正相关,$r=0.544$、$p<0.05$;对课后服务老师的喜爱程度和家长满意度显著呈正相关,$r=0.323$、$p<0.05$,说明家长对课后服务项目课程的满意度很高。

(四) 课后服务提高教师职业素养的效果分析

问卷1—8题属于教师职业素养题目。1—3题关于教师师德素养,4—5题关于教师知识素养,6—7题关于教师能力素养,平均分都在4分以上,属于非常符合,说明教师的职业素养提升较高。在第1题"是否自愿参加课后服务工作"中,教师完全自愿参加课后服务的只占55%,6.67%的教师完全非自愿参加课后服务。然而在第2题"是否愿意服从学校安排"中,完全服从的占55%,完全不服从的为0。可见,教师对进校课后服务工作的支持度较高,具有较高的职业道德。

本文探讨了如何通过建构一体化"校外教育进校课后服务素质教育项目课程"培养学生的核心素养。以奉贤区青少年活动中心为例,梳理出课程开发的五个步骤,并提供可参考的课程设计案例。为了对实施效果进行评估,项目组通过问卷和访谈的形式进行了数据收集及分析,结果显示,学校、家长、学生都对"课后服务素质教育项目"给予了认可,并表示课程使学生的核心素养得到了显著的提高。

校外教育项目化学习行动思考

上海市崇明区青少年活动中心　龚　峰

项目化学习是国际流行的学习策略，近年来备受国内各界的关注。随着《上海市义务教育项目化学习三年行动计划》的颁发，上海的义务教育步入项目化学习的启动、实施和推进阶段。项目化学习和部分校外活动项目存在一定的相似之处，但又不尽相同。本文尝试对校外教育项目化学习做一些现有认知上的梳理。

一、项目化学习的定义

项目化学习尚未有公认的定义，不同的翻译有“项目学习”“基于项目的学习”等。在国外，如巴克教育研究所将其划为以学生在探究真实问题，规划、实施、设计项目作品的过程中掌握所需的知识和技能，以课标为核心的系统教学方法。在国内，上海以“培养创造性问题解决能力为导向”进行了定义。

教育领域的项目化学习可以追溯至杜威提出的“做中学”，其学生克伯屈首次提出了项目学习，师从杜威的陶行知提出“生活即教育”，可谓项目化学习的早期本土实践，阳明文化的“知行合一”同样具有项目化学习的基因。可见，从古至今项目化学习并非新事物，只是进行了迭代更新。

如何理解项目化学习与基于问题的学习、探究性学习之间的关系？首先，以问题为驱动是它们的共性，不同点是前者产生作品，公众评价，后两者则并不强调。其次，项目化学习更趋向于解决真实世界的问题，其余两者则不强调这一点。

二、开展项目化学习的意义

社会进入快速发展的后工业时代，学历不再是唯一的评判标准。学会学习、合作,创造性地解决现实世界的问题非常重要,变革教与学方式的项目化学习是社会发展的需要。“我有两个宝,双手和大脑”,浅显的儿歌蕴含了手脑并重的科学学习观。但很多地方的教育在分数的跑道上越走越窄,学生学不好,教师教不好,评价也无效。然而,手脑并用的项目化学习可以引导科学的学习观。

“纸上得来终觉浅,绝知此事要躬行。”学习不仅是课本上的,也需要生活验证。建构主义认为,学习是基于自身和世界作用的过程。正如泡面痴迷者用“方便面”论文进入世界名校,“爱好成就自我”的案例印证了“生活即学习”。当学生将知识与技能“搬运”到现实中,其心智也开始反应,迁移能力得到增强。项目化学习者善于建构知识,形成触类旁通的思维品质。

三、校外教育活动如何转化为项目化学习

项目化学习有着各自国情下的实施模式。巴克教育研究所提出“以终为始、设计驱动问题、规划项目评价、过程及管理过程”的模式,夏雪梅团队做的是“寻找核心知识、设计驱动性问题、引领高阶认知、经历学习实践、公开项目成果、深化全程评价”的本土化研究。

本文以上述模式中涉及的核心要素作为判断项目化学习的依据。以下是笔者组织或参与的一些校外活动,按项目化学习的要素进行要点转化。

(一)校外综合实践活动

案例:由崇明区青少年活动中心承办,历时近五年,万余名师生参与的“东滩湿地观鸟”活动是一项让学生了解湿地,感受人与鸟类和谐共处的大型校外活动。对照项目化学习要素,活动指向环境目标,具有理解核心知识的实景,有反馈评价,但缺少驱动性问题和作品呈现重要指标,属于综合实践活动,非项目化学习。

1. 转化分析:在开展东滩观鸟实践活动过程中寻找项目化学习转化的契机。真实场景:受直升机惊吓的灰背鸫直接撞向场馆的玻璃幕墙,距离安全地带芦苇荡近在咫尺,可将这一突发情况作为“启动事件”,设计项目化学习。

2. 驱动问题:我是你的“眼”。是谁伤害了灰背鸫?直升机、玻璃幕墙、湿地,还是鸟儿自身的胆怯?如何减少这样的悲剧?让我成为你的“眼”!

3. 项目启动:目睹这起事件的师生,从驱动性问题出发,商议用“防范玻璃幕墙对鸟类的伤害”作为项目主题,经过计划、分工、推进、过程管理,拟定在长假、周末重

返东滩，进行成果展示。

4. 项目目标：了解湿地管理条例、噪声指标、鸟类惧怕的行为等内容。通过收集、拍摄、制作、宣传等方式，完成"鸟类误撞玻璃幕墙"的作品。

5. 项目管理：了解学生已有的知识技能，建立交流答疑平台，为学生搭建"脚手架"，提供湿地专家联系方式，视频制作技术支持等，引导学生按能力分组，列出项目进度表，做好时间管理。

6. 项目作品：制作适用于东滩科普场所宣传的"鸟类误撞玻璃"短视频，设计市民"爱鸟周"上发放的宣传单，宣传城市中如何防范鸟类误撞玻璃，设计湿地玻璃幕墙防撞措施。

7. 项目评价：师生共同制定评价项目，包括过程性记录，宣传单、短视频制作，玻璃贴花等方面。评价人员为学生代表、活动组织者、湿地专家。

（二）校外科技夏令营活动

案例：由上海市科技艺术教育中心主办，崇明区青少年活动中心承办的"少年创客行"科技夏令营在崇明开启。营员们在创新训练营、主题设计中争当"创客小达人"。对照项目化学习要素，活动指向科创目标，有主题、材料、作品展示、评价等要素，从缺少"驱动性问题"的角度评判，该活动属浅项目化学习。

1. 转化分析：当营员群体具有较高科技素养时，以解决真实问题的驱动性问题则更具挑战性。当时具有区域和时效创意的无疑是迎接崇明花博会这个主题。

2. 驱动问题：崇明太远！花博很美！让我们相约直播间，"出彩花博"欢迎你！

3. 项目目标：通过走访特色场馆、水系桥梁、土木建设、花博民宿等场所，完成访谈调研、拍摄制作、会展策划高阶任务。

4. 项目管理：以"出彩花博，直播推广"为项目名称。各组用5天时间走访花博小镇、管理中心，设计以"生态花博""民生花博""经济花博"为主题的宣传推广活动。为营员搭建"脚手架"，提供无人机、直播设备、场地的支持，引导学生通过调研得到启发。重视开放性项目管理的安全教育工作。

5. 项目作品：制作5分钟的花博会宣传短视频，展示生态花博、民生花博和经济花博的宣传版面，设计文创产品展台，介绍花博文旅产品。

6. 项目评价：项目侧重实地调研、新媒体技术使用与会展技能，将过程性资料列入评价内容，如营员日志、访谈记录、项目进展等。由市科技艺术教育中心专家、花博园管理者、社区代表组成评价团队。

(三)环球自然日

案例:环球自然日是由环球健康与教育基金会发起,由上海市科技艺术教育中心主办的校外科普活动。以年度主题为驱动性问题,以展览或者表演为主要作品呈现方式,激发学生对于自然科学的兴趣,提高其研究、分析和交往能力。

1. 转化分析:以年度主题呈现自然科学领域探究任务的“环球自然日”充满了项目化学习的基因,体现了思辨与演绎的魅力。如2019年的“预见性?不可预测性”,2021年的“沧海桑田——曾经和当下的伟大变迁”。将方案稍作完善,加强活动过程中的评价,就是一个项目化学习。

2. 驱动问题:世界那么大,带你去看看。

3. 项目启动:项目化学习小组用2周时间完成了2023年度环球自然日主题学习。登录环球自然日官网、观看主题解析,了解历年赛事赛况。开展以“小视角与大概念”,体现见微知著、以小见大的备选主题分享活动。

4. 项目目标:小组通过组队、选题、设计、策划、制作、创作、编剧、展演等一系列步骤完成作品创作。提升了学员的合作探究、主题挖掘、展板设计、剧本策划、展演答辩等高阶素养。

5. 项目管理:根据环球自然日的赛程确定进度,教师主要在主题解析、完善设计、过程管理这些环节上陪伴学生;追踪学生项目进展,赛事达标、展演彩排等做好分档管理,注重过程性评价,加强弱项评价,实现以终为始。

6. 项目作品:①展览类:在结构装置上将文本内容、标签、标识、制作物等进行展示,并完成与作品主题相关的评审答辩;②表演类:用生动地戏剧化的表演,以语言、动作、舞蹈、木偶等形式,通过扮演角色、设定情节或情景等进行表演并完成评审答辩。

7. 项目评价:本项目侧重作品的科学研究关联度、年度主题关联度和作品演示关联度,按5∶2∶3权重赋分。

校外教育在实践活动中的项目化学习探索,是主动衔接校内教育的有效途径。从探究性学习到项目化学习,都离不开教与学方式的转变,而项目化学习凸显的正是以学生为中心的教学理念。在核心素养的视域下如何开展项目化学习,正在成为校外教育工作者的新课题。

提升校外课外教师带教有效性的策略研究

上海市科技艺术教育中心　王　珏

当前,我国教育改革面临新的时代背景。随着"双减"政策的出台,素质教育改革进一步深化,校外课外教育以跨学科、创新实践、活动化的育人方式,从普及到提高,引领青少年全面发展、培养兴趣、发展特长,进而为青少年的终身发展奠基,促进青少年全面发展和终身发展的作用日益凸显。

提升校外课外教师队伍的专业素养是校外课外教育提质增效的关键。校外课外教育跨学段、跨学科、活动化等特征,使得校外课外教师的能力结构呈现复合性特征,其能力养成具有复杂性。实践教师带教成为校外课外教师发展的主要方式。而传统的学科教师带教无法替代校外课外教师带教。亟须设计具有针对性的带教资源、带教内容和带教评价,提升校外课外教师带教的有效性。

本文依托上海市校外课外教师专业实践培训,探索提升校外课外教师带教有效性的策略。

一、"三位一体"整合资源,优化校外课外教师带教资源配置

带教资源的配置,对带教效果具有重要影响。校外课外教育具有跨学科、创新实践、活动化的特征,其教育场域涵盖校内和更为广阔的社会大课堂。从校外课外教育职能对教师素养的要求出发,要实施有效的校外课外教师带教,专业师资、项目育人活动和专业硬件环境缺一不可。三者须构成有机整体,方可为带教活动提供全方位的支撑。据此提出以带教基地为平台,立足某一校外课外项目,配置"三位一体"的校外课外教师带教资源。

(一)配置校内外带教导师团,构建校外课外教师复合型素养

校外课外教育与校内学科教育相较有其独特性,不仅要实施系统化的跨学科课程教学,还要开展个别化的项目指导、策划组织学生实践活动、整合与创建校内外教育资源。这就要求校外课外教师具备复合型的素养结构,一专多能,善于学习、创新和实践。与此相应,校外课外教师的带教者应当为学员提供多学科专业技能、跨学科活动化育人理念与实践、跨界资源整合建设等多方面的专业指引,因此需要不同专长的校外课外教育骨干教师和相关领域专家共同组成导师团队,协同为校外课外教师提供专业指引。

(二)配置品牌化育人资源,丰沃校外课外教师的实践学习土壤

实践带教是将个人的隐性知识通过团队的实践与反思,转变为共享知识的过程,是实践性的教师教育,需要优质丰沃的实践土壤。品牌化的育人活动是经过实践检验的优质教育项目,如品牌的项目活动和竞赛,品牌的项目课程,品牌的学生社团活动,项目相关立项课题等。品牌育人活动的科学性、完整性、创新性水平较高,是校外课外教师带教中不可或缺的重要资源。

(三)配置专业硬件环境资源,满足校外课外教师的专业实践需要

校外课外教育涵盖了科技、艺术、文化、体育等领域,具有鲜明的实践特征,要求教师具备至少一项专业技能,并在教育教学中充分运用,发挥实践育人作用。这就要求在配置校外课外教师带教资源时,必须为教师的专业实践提供相应的器材、设备、场地和特色环境,支持教师磨炼专业技能,锤炼项目教学能力和专业活动育人能力,升级教师的实践育人水平。

二、聚焦跨学科、活动化、创新性,强化校外课外教师的关键能力

教育具有很强的实践属性,知识包括了可准确传播的显性知识和个体的默会知识。教师带教是将个体的默会知识通过与岗位工作相匹配的团队实践,转化为共享知识的专业发展支持形式。校外课外教师带教应针对教师的岗位实践,将跨学科项目教学、综合性实践活动、学生个别化项目指导、校内外整合的跨学科教育资源建设作为实践载体,发展教师的育人关键能力。

（一）依托跨学科的项目教学，提升教师的跨学科课程意识与能力

校外课外教育课程是多学科融合实践课程，如科技模型、生态环保、天文与气象、影视艺术、摄影摄像、茶艺等。校外课外教师除了需要夯实课堂教学基本功，还要不断锤炼跨学科项目课程教学意识与能力。以跨学科项目教学作为校外课外教师实践带教的重要内容，是强化校外课外教师跨学科的课程意识，提升教师跨学科教学实践水平的重要途径。

（二）依托综合性的实践活动，提高教师的活动育人能力

策划和实施学生实践活动是校外课外教师重要的教育工作之一，如社团、年级或校级学生实践活动，区域性学生活动与竞赛等。在带教过程中，以策划与实施学生综合性实践活动为载体，有助于深化校外课外教师对新时期五育融合全面育人理念的理解，强化教师的活动育人能力。

（三）依托个别化的项目指导，提高教师培育拔尖后备人才的能力

培育拔尖后备人才是校外课外教师育人工作的重要组成部分。校外课外教师带教中应依托探究性、实践性项目对拔尖后备人才进行个别化指导。指导特长学生开展探究与实践，给特长学生定制适合个体知识储备、能力和思维水平的学习方案，并在解决项目问题的过程中与学生组成学习共同体，促进学生自主学习、综合实践与思维水平的持续提升，进而促进特长学生的志趣养成和终身专业发展。在此过程中，推动教师培育拔尖后备人才能力的持续提升。

（四）依托校内外资源整合与开发，提高教师跨学科教育资源的建设力

校外课外教育在国家层面尚没有统一标准，其教育教学的辅助资料、材料和环境都需要校外课外教师整合校内外优质资源加以开发建设。跨学科教育资源建设工作是校外课外教师日常工作中的重要部分。校外课外教师带教中，必须包含编写项目课程教学用书、开发教学器具、整合校内外教育资源、建设项目实践环境等资源建设实践，以此促进教师跨学科教育资源建设能力的发展。

三、三方联合评价，将校外课外教师专业发展与育人质效相融合

三方评价是指由带教导师、参训学员、学员所在单位构成的三方评价主体，共

同从教师实践带教学员的学习成效、学员自我效能感、学员工作满意度三个维度实施评价和反馈。以评价为导向,促进校外课外教师的专业认同感、专业素养和育人质效的同步提升。

(一) 带教导师评价,聚焦实践学习成效

带教导师作为带教活动的主导者和深度参与者,是学员在阶段学习中所表现出来的态度、行为、专业素养水平变化的应然评价者。通过带教导师对学员的校外项目专业技能、校外教育教学技术、教育资源整合与创新建设能力、发展学生综合能力等的评价,强化校外课外教师带教在支持教师专业发展上的价值取向。

(二) 参训学员自评,反映学员自我效能感

自我效能感是反映教师专业发展水平的重要因素之一。学员基于自我专业发展预期,通过实践学习感悟、成果展示等方式进行自我评价,反映学员对个人具备校外课外教育能力的信念和判断,对个人开展校外课外教育工作的投入程度,以及对个人遇到发展瓶颈时克服困难的坚持程度。

(三) 学员单位评价,关注岗位工作满意度

教师教育活动基于教师职业,其重要目标之一是优化教师岗位工作所需要的能力素养,进而促进教育工作水平的持续提升。校外课外教师带教同样具备这一实用性目标。学员所在单位对学员带教学习阶段的工作满意度评价,可充分体现校外课外教师带教对教育工作发展的价值。

"双减"背景下,校外课外教师在学生素质教育中发挥着越来越重要的作用。强化校外课外教师队伍专业性发展,是新时期提高教师队伍质量的重要一环。在立足校外课外教师专业性发展的实践带教中,应以"三位一体"的资源配置策略,优化带教资源;以跨学科活动育人实践的带教策略,强化校外课外教师关键能力;以三方评价策略,将教师专业发展与岗位实践连成一体,以此促进校外课外教师队伍质量持续提升,推动教育高质量发展。

新时代美育改革背景下上海学生交响乐联盟协同育人体系建设探索

上海市科技艺术教育中心　黄　山　干晨光

2010 年，在上海市教育委员会指导下，上海学生交响乐团牵头成立了“上海学生交响乐联盟”（简称联盟）。2015 年，中共中央办公厅、国务院办公厅《关于全面加强和改进新时代学校美育工作的意见》等文件的印发，对新时代美育工作提出了新的要求。为解决联盟各乐团发展水平不一，互动、交流、合作不充分，各乐团优质资源获取途径不丰富，与专业艺术院团的合作不紧密等问题，联盟坚持形成优质资源合力，以点带面，推动上海学生交响乐水平较薄弱的区域快速发展，优化学生乐团梯队式建设结构、完善学生乐团编制建制；通过交流研讨会、联合乐团合排、专场展演等方式，搭建各学生乐团之间联动的平台，促进交流合作；开发网络 App 平台，共享师资、课程、乐谱、校外资源等优质资源；联合专业艺术院团，提供专业场地及硬件支持，邀请专业师资深入参与联盟单位学生乐团的指导。

一、联盟建设的做法

（一）高度重视联盟的建设规划

把联盟的建设纳入校外美育教育的“十四五”规划中，把组建高水平学生乐团纳入学校教育、校外教育工作规划中，并在教育安排上体现出来，争取在教育过程中将支持和重视落到实处，助力联盟的高层次发展。

（二）精心打造联盟的师资队伍

联合专业艺术院团，邀请领域内专家及各成员单位进行深入实践指导，带动校内教师成长。通过联席会搭好平台，实现联盟内师资的共享，科学提炼适应当下校园艺术教育的经验方法,着力提升整体的音乐教育水平。

(三)全面提升联盟的演奏水平

1. 练内功,着力提升联盟专业水准。加强师资培训,强化教育交流,整合演出资源,丰富演出实践,不断提升联盟人才专业素养和演出水准。

2. 强基础,补齐联盟建设短板。加强联盟运作的组织管理,提高联盟标准化建设水平;深度介入联盟排练及演出,协调、指导联盟演出项目设计和实施,努力提升联盟乐团演奏品质。

3. 求突破,增强大师班效应。持续做好引进世界一流交响乐演奏家、指挥家举办大师班项目,并积极总结经验,放大效应,提升乐团日常排练水平,整体提高联盟的演奏水平。

4. 提质效,丰富乐团演奏实践。积极参与各类演出,丰富乐团演奏经验,提高演奏能力和演出水平,从而达到乐团和联盟春风化雨的育人功能。

(四)全力打响联盟的品牌效应

1. 做优做强联盟主题教育周活动。按照"立德树人、五育并举"的要求,通过音乐党课、大师班、专场音乐会等活动,着力提高学生的艺术审美与人文素养,充分体现新时代青少年爱祖国、心向党的思想觉悟,展现积极向上的精神风貌和艺术风采。

2. 创作适合学生乐团演奏的优秀作品。邀请国际、国内知名作曲家,根据学生乐团的实际情况,创作一批举旗帜、聚民心、育新人、兴文化、展形象的优秀作品,记录、书写、讴歌新时代,用学生乐团独有的方式讲好中国故事、传播好中国声音。

3. 加速实施五大新城交响乐浸润计划。结合五大新城实际情况,制订各新城计划,帮助五大新城交响乐建设从无到有、从有到优、从优到精,用文化助力新城建设,服务上海中心工作。

(五)持续完善联盟管理机制

定期召开联盟联席会议,明确联盟发展方向,研究推进联盟阶段性任务和相关活动;完善日常管理制度和运行机制,形成一学期一考核,或一学年一考核的评价机制;建立联盟成长档案,将每次排练情况、排练过程中出现的问题等记录在案,并及时汇报解决,为联盟的良性运转、技术提高提供强有力的保障。

（六）完善大中小一体化的“一条龙”谱系

建设好“校—区—市”三个层面的“金字塔”结构，构建大中小学一体化的“一条龙”谱系，定制人才输送供给新模式，推进《教育部办公厅关于开展体育美育浸润行动计划的通知》的具体落实，带动上海市青少年艺术教育水平的整体提升。

（七）全方位搭建联盟的展示平台

搭建更广阔的实践舞台，积极为联盟单位提供更多学习实践的机会；进一步促进艺术和科技的融合，形成全媒体的网络宣传；加强长三角地区乐团合作以及国际合作交流，打造具有“国际视野、上海特色”的学生交响乐团。

（八）加速信息化平台建设

开发联盟网络平台 App，为未来教育变革注入新范式。功能模块涵盖演出赏析、课程共享、乐谱共享、活动召集等。收录线上课程近 100 节、乐谱共享资源 50 余套。不同联盟成员单位可以免费获取所需资源，或分享各自的优质资源。

二、取得的成效

1. 联盟成员持续增多，乐团质量不断提高。经过十余年的建设与发展，联盟成员单位扩大至 65 家，涵盖大中小全学段。联盟成员乐团质量不断提升，近年来获得全国、上海市重大学生艺术活动赛事奖项 50 余项：近两届教育部主办的全国中小学生艺术展演一等奖 2 项、三等奖 2 项；全国大学生艺术展演一等奖 5 项、三等奖 1 项，代表上海出征全国器乐类节目展演的均为联盟成员单位；获得全国中小学生艺术展演上海市奖项 40 余项，几乎囊括所有上海市器乐项目一等奖。

2. 大师领衔，推动联盟教师专业及教学能力持续发展。汇聚了长三角地区器乐项目专家近 100 位，分别来自上海各大专业乐团，以及各大专业院校的专职教师，覆盖所有交响乐编制乐器种类，能满足不同乐器、不同声部的针对性指导工作。各联盟单位可以根据自身实际需求，通过联盟邀请各类专家去学校进行声部指导、作品提升、开展讲座等指导性工作。

3. 课程体系逐步完善，课程资源日益丰富。联盟发展自身专业优势，制作了 70 余节专业性强、实践性强、种类丰富的线上课程。课程内容涵盖经典乐曲赏析、演奏技巧示范、乐队排练解析等，项目内容囊括弦乐、木管、铜管等。为上海市中小学生分享专业、精彩、多元的优质线上课程，将联盟的优质课程进行可视化表达。

4. 丰富多元的品牌活动，全面提升学生综合素养。学生通过以演带练、以赛促技，在实践中交流学习、互鉴共进，从而得到全面地提升。联盟充分发挥平台作用，每年开展市级活动近 10 项，共开展国内外大师班近 20 次。

5. 优秀人才培养情况。联盟切实完善了交响乐人才的基础培养及衔接培养体系，始终以立德树人为根本任务，坚持以美育人、以美化人、以美培元，培养了一批一专多能的青年音乐艺术人才，打造了一批德才兼备的音乐艺术教师队伍。

6. 乐谱资源共享。交响乐的普及与提高，关键还是在中小学校。选择适合中小学生演奏的、丰富的作品非常重要。在作品的选择中，既要考虑到乐器、人员配置，又要考虑到学生的心理特点、演奏能力等。联盟建立交响乐作品资源库，目前收录了百余套乐谱，并不断推进曲库的更新、补充，探索完善资源共享的机制和网络平台建设。

7. 助力上海市艺术一条龙人才体系布局。随着《上海市中小学艺术工作管理办法》的印发，上海市正加速推进中小学艺术一条龙人才体系布局建设。联盟正是以学生艺术团为抓手，打通大中小学之间的交流壁垒，通过平台优质资源集聚、分享促进各学段交响乐学生梯队化人才培养体系的构建。2021 年上海市首批高中艺术一条龙西乐项目布局的 13 所学校中，有 9 所是联盟成员单位。

从整体来看，联盟形成了从小学到大学全学段覆盖的交响乐发展共同体，初步构建了校级、区级、市级不同层次的学生交响乐艺术团的“金字塔”结构，完善了交响乐人才的基础培养及衔接培养体系。联盟对于推进全市青少年交响乐的普及与提高、增进不同层面的学生乐团的交流互动、丰富乐团师生的艺术实践以及保障市学生交响乐团的高位稳定发展起到了积极的作用。

校外教育项目课程指南视角下的 PBL—STEAM 课程开发

——以“新冠来了”主题课程开发为例

上海市科技艺术教育中心　程　虹

由上海市校外教育协会、上海市科技艺术教育中心联合上海市各校外教育单位共同编写的《上海市校外教育项目课程指南(试行)》(简称《指南》)是校外教育项目课程规范化建设的基础。但《指南》中各活动项目都是单列的,怎样将不同项目的要求融合起来,开发出综合性活动课程,是校外教师在开发活动课程时应该思考的问题。STEAM 课程和 PBL(基于项目式学习),由其多领域融合和基于现实的学习理念,适用于校外活动内容开发。基于 STEAM 理念的项目式学习课程,即为 PBL—STEAM 课程。笔者尝试以最近的时事热点“新冠来了”为例,探索在《指南》的指导下开发相应的 PBL—STEAM 课程模式。

一、课程开发者建设

1. 团队开发。PBL—STEAM 课程的开发可以以校外教育单位或教研组为单位,也可由对相同内容感兴趣的教师组成。由校外教育单位教师组成团队开发某一主题的课程,可由不同项目的教师提供相应的活动内容。由于教师本身分属科技、艺术等不同项目,开发 STEAM 课程内容较为方便,相关教师只需要熟悉本项目的指南,适合刚接触 PBL 和 STEAM 教育理念的教师。但这种开发方式,对内容的统整提出了较高的要求,必须在严谨的课程纲要规划下进行内容开发,项目主题必须贯穿整个活动,做到形散而神不散。

2. 个人开发者准备。团队在开发 PBL—STEAM 课程中具有一定的优势,但教师个体也能开发此类课程。选定开发主题后,教师根据自身的跨专业能力及能够获得的外界支持情况,选择相应的跨学科内容,并对相应学科的指南进行研读。

二、课程目标的确定

PBL—STEAM课程的目标是结合各个学科的课程标准,以项目学习的方式,让学生通过完成阶梯性任务总结出一套独特的思维模式和方法。

"抗击新冠"主题课程,旨在让学生在了解新冠病毒的传播、检测、防治的基础上,思考作为普通一员,可以为社会抗击新冠做出哪些努力,并将课程名称定为"新冠来了",结合科技和艺术类指南,对目标进行拆分,可分解成以下5块:

科学(S):了解新冠疫情传播的途径,理解疫苗和核酸检测的原理,了解新冠的防治和环境消杀的方法,了解新冠变异的原因和变化趋势。

技术(T):初步掌握DNA提取和鉴定的方法,知道核酸检测的原理。

工程(E):在了解负压救护车原理的基础上制作简易负压救护车模型,用乐高模拟搭建医院。

艺术(A):用彩泥、动漫画等形式,生动展示机体与新冠病毒做斗争的过程,从彩泥、动漫画、舞蹈、钢琴、合唱、诵读、民乐、西乐、戏剧等艺术形式中选取一至几项,展现对"大白"们的爱心。

数学(M):模拟若在"躺平"状态下,新冠病毒的指数传播情况。

三、课程内容设计

PBL—STEAM课程内容以项目形式呈现,在一个主题式课程下面一般有3—6个子项目。子项目数量需适中,过多会显得课程内容过于繁杂,过少则会影响课程的系统性和连续性。此外,每个项目的难度和涉及知识点的范围应该有梯度,层层递进又螺旋式上升,让学生在项目式学习中也能较为系统地掌握相应的知识点。"新冠来了"PBL—STEAM课程设计了5个子项目:

1. 新冠病毒的前世今生

问题:新冠病毒是由什么引起的?它是一种什么生物?它是怎么演变来的?现在又在怎么演化?

任务:查找DNA病毒和RNA病毒的异同、了解新冠与2003年SARS的异同、查找新冠病毒毒性和传播能力的演化史。

交流展示:新冠病毒家谱;用折纸、白描、漫画、彩泥、乐高等方式制作新冠病毒外观模型。

2. 新冠病毒现形记

问题:怎样检测新冠病毒? 原理是什么? 打了疫苗会造成假阳性吗? 可乐、橙汁是否真会造成抗原假阳?

任务:查找RNA、DNA检测的原理,查找PCR原理,查找新冠自测试纸的原理,分析可乐、橙汁滴入新冠抗原检测试剂中的反应现象,查找正确自测流程并完成自测,设计实验模拟病毒检测。

交流展示:科普小手册,用文字或绘画的形式科普新冠混检、单检原理,用彩泥、积木制作新冠RNA分子模型,DNA、RNA显色反应;用烟草花叶病毒等植物病毒展示试纸条对病毒的检测。

3. 新冠病毒来敲门

问题:新冠病毒为什么能大规模传播? 为什么要坚持动态清零?

任务:用计算机建构放弃控制后,新冠病毒传染模型。

交流展示:制作PPT或视频,动态对比展示我国各地疫情零星发生后,现实生活中的控制情况,用计算机模拟出"躺平"后的情况,并展示相应的结论。

4. 新时代送瘟神

问题:怎样打败新冠病毒?

任务:查找新冠病毒各项防治措施,了解负压救护车在转运病患中的作用,制作简易负压救护车模型,学习环境消杀原理,模拟消杀并取样检测。用乐高、彩泥或其他工具模拟搭建医院,自制模型模拟新冠抗原抗体作用。用计算机建构模型,探索在旅店、游轮等密闭空间中降低传染率的方法。

交流展示:各宣传展示板和模型小制作。

5. 谁是最可爱的人

问题:面对守护我们多时的医务工作者和志愿者们,你有没有想对他们说的话?

任务:用自身的才艺,为逆行者和"大白"们献上真挚的敬意。

交流展示:用舞蹈、书法、民乐、钢琴、手风琴、茶艺、彩泥等方式展示各项作品,如,编制舞台剧,展示对新冠防治的理解。用彩泥捏"大白",展示对医务工作者和志愿者的认可,用书法作品抒发对万众一心抗疫的感慨等。

在对内容进一步细化时,须根据指南的要求,结合学生的认知特点,将活动内容细分到指南的具体项目中,分为初、中、高阶段进行拓宽。同时,如果是以教研组或个体为单位开发这一课程,可选取以上 5 个子项目中较为擅长的部分进行细化。

四、课程的实施

PBL—STEAM 课程的每个子项目的实施一般包括问题导入、科学探究、活动制作、交流协作、总结反思 5 个环节,需要教师结合各组学生的具体开展情况进行有针对性的辅导。

"新冠来了"这门课程的部分探究和准备活动需要在课外完成,为了提高课程的延续性,可以采用项目组长负责制和翻转课堂等方式促进课程的实施。在学员中选取出勤率较高、较积极的学员作为项目的负责人,牵头项目的实施。教师引导学员在课堂外完成部分资料的收集、作品的制作、资源的优化,将一部分的课堂翻转为研究方案修订、答疑、交流成果的一个平台,从而提高此类课程的学习效率。

五、课程的评价

PBL—STEAM 课程教学目标维度多且操作性强,教学评价应设计为多元评价,应设立主评价目标、评价主体和评价方法多元化,并按照指南所提及的初、中、高各阶段、多维度指标进行相应的评价。如"新冠来了"课程中的第 4 部分,学生制作负压救护车模型,就可按照"创造发明项目课程指南"中"中级阶段"的"设计思维"这一核心素养的达成度来设计相应的评价指标。

STEAM 课程强调多学科的融合,PBL 重视项目化解决真实情境中的问题,将两者融合起来的 PBL—STEAM 课程注重将多学科知识运用于现实世界,是校外教育课程开发的一个重要方向。

"新冠来了"课程的开发,贴近时事热点,有效融合了科技、艺术等多门学科知识,使学生在解决问题的同时,提高了自身的主人翁意识。在课程内容细化的过程中,教师可将内容与指南中的项目分类进行比对,结合开发团队的情况对内容进行相应的调整。这种亦分亦合的开发和评价策略,能够充分发挥指南的指导作用,也能够为校外教师开发出更多符合学生需求、体现校外特色的课程提供参考。

基于项目化学习的青少年近视防控主题活动的设计与策略研究

——以"'睛'彩视界"青少年近视防控主题研学实践活动为例

上海市科技艺术教育中心　闾雯爵

眼睛是心灵之窗，关注儿童青少年眼睛健康和近视防控是近年来我国各部门关注的重点领域。2018 年，国家将近视防控工作提升到国家战略层面，打响了儿童青少年近视防控"攻坚战"。近年来，为促进儿童青少年近视防控工作的科学、规范、高效发展，上海围绕近视防控国家战略目标，组织开展了基于项目化的青少年近视防控主题活动(简称主题活动)，把主题活动主动融入学校教育，并作为培养学生核心素养的重要载体，突出、强化主题活动在提高学生健康素养与学习能力等方面的功能，努力培养德智体全面发展的社会主义建设者和接班人。

一、对象与方法

1. 对象。以 2020 年"'睛'彩视界"青少年近视防控主题研学实践活动(以下简称"研学活动")为例。以小学、初中、高中申报参加研学活动的各 150 人，以及参加活动指导的 150 位教师为研究对象，分别发放学生问卷 300 份(各学段均 100 份)、教师问卷 100 份，有效回收问卷 400 份(学生 300 份、教师 100 份)。

2. 方法。本研究以"基于项目化教育的青少年近视防控主题活动内容"为主题，设计编制问卷 30 道(判断题 10 道、选择题 10 道、填空题 10 道)。调查采用随机抽样的方法。调查时间分别为 2020 年 5 月、2020 年 11 月完成，并运用 SPSS 软件对数据进行统计分析。

二、现状分析

多年来,近视防控主题活动丰富多彩,也取得了可喜的成绩。但是,传统的活动组织理念、方式方法等在一定程度上制约着近视防控教育的质量和效果。

1. 教育理念陈旧,学生可接受度低。在传统的近视防控主题活动中,虽然采取了"健康教育课""健康讲座""宣传教育短视频""微信推文""知识竞答"等多样化的教育形式,但 89.5%的学生认为,"当前的近视防控主题活动大多是给学生'灌输',个别教师虽然不是'一讲到底',也是'以教师讲授为主'。"这样的传统教育理念,显然忽略了学生的自主学习力、主体表达力和表现力的培养。调查中得知,88.9%的学生认为,"当前的近视防控主题活动形式陈旧,活动效果一般。"

2. 以共性教育为主,忽视了个性差异。尽管当前近视防控工作已经上升到国家战略,但没有一所学校"将主题活动放到学校教育教学改革与发展整体中去规划落实"(占受访教师的 100%)。此外,93.7%的学生认为,"当前的主题活动没有考虑如何激发学生的学习、探究兴趣,没有以问题为导向,片面强调面向'全体',而忽视了学生的个性差异。"

三、活动设计

项目式学习是一种以"学生为中心"的开放式学习活动,是学生进行自主学习的综合性、活动性的教育实践形态,教师的作用在于依据教育目标,创建学习情境,设置开放型、驱动性问题,让学生凭借经验和知识,确定相应的主题或问题,主动展开探究活动,并通过小组合作和沟通,最终完成任务(目标),展示相关探究成果。

1. 设计原则。主题活动的模型设计,一是聚焦当前主题活动中存在的问题;二是围绕当前青少年近视防控工作的目标、内容;三是结合青少年专业知识和认知规律;四是以任务为驱动,以项目化教学为手段。

2. 活动模型。基于"项目化学习的青少年近视防控主题活动"目标,以及青少年核心素养培养指标,在广泛听取师生意见的基础上,设计了主题教育的活动模型(见下图)。

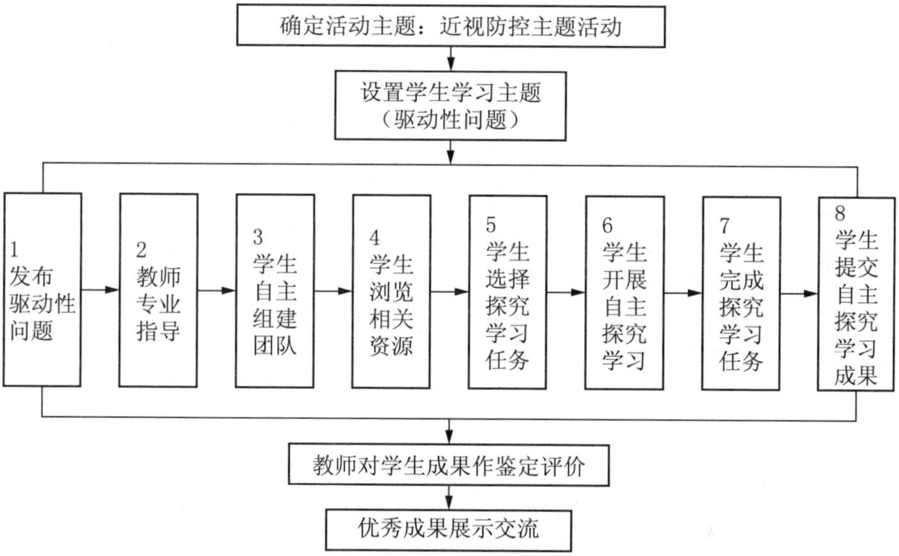

图 1　基于项目化学习的青少年近视防控主题活动模型

四、活动策略

1. 聚焦当前学生关注热点，确定项目学习探究主题。当前，近视防控需要推进的工作，以及需要关注的问题很多。主题活动的策划者、组织者则要突出工作重点，要了解当前学生最关注、最关心的问题，立足学生在近视防控方面存在的认知困惑，有针对性地选择一些容易激发学生参与探究的主题，而在同一主题下，设计一系列宽层面、多梯度的驱动性子问题，这些子问题之间又必须存在着一定的横向和纵向联系。在这基础上，教师再根据主题活动目标，引导每一位学生，根据自己的兴趣点或关注点，自主选择好最适合自己学习探究的主题(问题)，并充分发挥自己的探究能力，积极开展调查研究与分析。

以研学活动为例，为体现主题活动的差异化教育，我们对小学、初中、高中学生分层设计了研学主题(问题)。学生在参加了研学活动后，认为“项目化学习激发了学生学习、探究的兴趣”的为 98.2%；认为“加深了对近视防控知识的了解，大大提高了对近视防控意义的认识”的高达 97.3%。这充分说明项目化的主题活动，得到了青少年学生的高度认可。

2. 指导创建合理学习小组，要培养好学生团队合作意识。从学生获得近视防控知识的来源来说，团队的力量优于个人。完成同一任务的同学往往对这项任务有着共同兴趣,所以学习小组成员的年龄相仿,学习基础和学习能力相似,学生选定项目学习主题后,指导他们组建一个搭配合理、能力互补的学习小组便成为有效探究的关键所在。

3. 深化核心素养导向,要发挥好活动的育人功能。在主题活动中,学生表现出的细致的观察、多维度的思考、资料的搜集与整理、团队的沟通与合作,以及坚韧不拔、攻坚克难的意志品质等,都有利于学生学习力和意志品质的提升。青少年尤其是小学生的学习能力有限,需要教师依据核心素养目标,遵循不同学段学生的认知规律,给予耐心的引导、指导。比如,给学生分解、细化好活动的具体计划、步骤,让学生能明确活动探究的重点和难点,只有这样,学生的核心素养才能有效提高。在帮助学生顺利完成项目探究任务的同时,活动的“育人”功能也能得到有效发挥。从研学活动后的相关调查得知,96.1%的学生在参加主题活动后感到,“在教师的指导下,学生的学习力、意志品质等得到有效、明显的提升。”

4. 倡导学习活动的开放式评价,要凸显评价多元性、导向性。教师对学生的主题活动的评价,不是终结性的,而应更具开放性。所谓开放式评价,就是要体现评价指标的多元性,以及评价目标的导向性,要倡导“立足过程,促进发展”的评价理念。与传统的教学评价相比,项目化学习成果的评价,除了对学生活动成果的科学性、合理性评价以外,更多关注学生在项目学习中所展现出的诸如解决问题的态度、方法、能力等,研学活动的组织者不局限于学生了解了多少近视防控知识,而是对学生在主题活动中所表现的兴趣、热情、耐心、勇气,以及成员之间沟通、团队合作态度等进行全面评价。

评价目标的导向性,就是指导学生向正确的方向发展。在研学活动中,主要倡导两种评价:一是建议性评价,即对学生在主题活动中的表现情况,提供一些参考性的意见,如初中组有一个选题“专家随访:激光手术可以做吗”,有一个小组没有发动大家去随访眼科专家,组长一个人从网上摘录了一些“专家意见?”整合成一个报告,认为“这样的手术可以做”。对此,教师首先给予充分肯定,同时对该组没有发挥团队力量开展合作探究的情况,以及用“网上资料”替代“专家随访”这种做法提出建议。二是赞赏性评价,即赞赏学生的学习、探究成果,并说明自己赞同的理由,主要是激发学生的学习动力。

本次基于项目化学习的研学实践,取得了预期的成效。研学活动后的调查问卷中98.6%的学生认为,以研学活动形式开展的主题活动“开放又有意义,学习探究愉快而又有收获”。由此可见,项目化学习已然成为新时代主题活动非常有效的教学形式之一,对培养学生综合素质有着极为重要的作用。

“破”与“立”：校外教研组的困境与改进

中国福利会少年宫　陈　静

作为促进校外教师专业发展的重要载体，校外教研组，尤其是区级、市级层面的教研组，成为校外教师学习交流、提升自我的专业平台。回溯校外教研组的发展过程，探寻其发展困境与改进策略，不仅可以为校外教师专业发展拓宽路径，也可以助力校外教育事业发展。

一、校外教研组的历史回溯

20 世纪 80 年代后期，受上海市教育局委托，中福会少年宫牵头成立了舞蹈、合唱、美术等专业的校外中心教研组，每周开展一次对全市少年宫系统教师的教研、培训活动。2001 年至 2005 年，中福会少年宫依托原有体系，完善中心教研组的管理工作，成立“专家指导委员会—教研管理中心—中心教研组”三级组织体系。2008 年 4 月，上海市科技艺术教育中心成立，逐渐承担起对区县各校外教育机构的指导、服务、协调、示范功能，搭建了各区校外教育机构教师沟通合作、展示交流的平台，形成了富有上海特色的校外科技艺术中心教研组的业务指导机制。

校外教研组以促进校外教师专业发展为核心，以提高校外教育质量为目标，围绕教育研究、教学指导、管理与服务等方面，采用实践研究、专题讲座、外出参观、观摩研讨、赛事交流等形式，开展教育研究，发挥引领作用；重视教学指导，发挥示范作用；加强管理与服务，发挥协调作用。不仅搭建了校外教师实现专业发展的平台，而且以专业集聚增强了校外教研组对教师的吸引力，满足了异质化校外教师群体的个性化发展需求，为校外教师创设了学习、研究、交流的平台。这是校外教研组功能集中而重要的体现，也是教研工作的本质意义所在。

二、校外教研组的现实困境

虽然没有考试的压力、分数的竞争,校外教师拥有相对自主的发展空间,但由此带来的随意、无序也使得“教学教研两张皮”,教研内容缺乏深度、教研过程缺少合作、教研形式欠缺活力、教研活动缺失引领,在制度、功能、实效等方面面临诸多挑战。

(一)校外教研组的改进需要打破制度局限

通常来讲,注重以专业取向,而非行政取向建立健全教研管理制度的校外教研组,在重视教师专业发展需求,结合教育热点,与时俱进更新教研内容与形式等方面会做得更好。因此,无论是对于各校外中心教研组,还是上级主管部门而言,都亟须打破制度局限,为校外教师参与教研活动提供行政力量支持、时间和经费保障。

(二)校外教研组的改进需要冲破功能局限

通过开展“研究”“指导”“服务”,改进校外教师教学,提升校外教育质量,是校外教研组的功能所在。但是,针对教育研究、教师培训、教学实践等具体内容,教研组的功能存在一定的局限性,主要体现在:

1. 教育研究,是“迫于无奈”,还是“锦上添花”?在引导教师“走进”科研,开展“力所能及”的研究之前,是否需要先带领教师“走近”科研,了解教师对于科研的兴趣、认知与需求,不同发展阶段的教师在这些方面存在怎样的差异,如何因势利导?

2. 教师培训,是要“高大上”,还是要“接地气”?市级层面的教研面对的是来自中心城区、近郊、远郊等不同发展水平的校外教育机构的教师,教师是需要前沿信息解读,还是同行经验分享,应该根据实际情况,综合考量、具体设计。

3. 教学实践,是“理念引领”,还是“实践先行”?2018 年上海市校外教育教师业务展示评比活动,融教研训于一体,将培训、展示与评比相贯通。实践过程中,教师既接受了教育理念的更新,也实现了教学实践的改进。但是,对来自不同发展水平的校外教育机构,处在不同发展阶段、拥有不同发展需求,而且对更加依赖市级层面教研组的校外教师而言,如何灵活运用“理念引领”或“实践先行”的原则,实现自身教学实践的持续改进,还需要教研组提供助力。

(三)校外教研组的改进需要突破实效局限

校外教师群体的异质化程度较高,更加需要开放共享、自由对话、互助协作、共同探究的外部环境。在对校外科研教师共同体构建成效进行调研时,教研组成员反馈到,组织者的支持、领导作用发挥得越充分,校外教师参与教研活动的主动性和积极性也越高。校外教研组的改进若要突破实效局限,还需发挥好教研组组长/副组长的作用、调动好教研组成员的参与度。

三、校外教研组的改进思路

(一)关注教研组文化建设,完善专业取向的规章制度

研究教研组文化,实际上是在研究人本身,关注的是教师在这个组织中的生存方式和生存状态。打造教研组的合作文化,激发教师的参与热情,才能实现教研组改进、教师发展的双赢。

完善专业取向的教研管理制度,进一步将文化引领落到实处。自上而下、行政取向的教研制度容易导致教研组沦为上传下达的事务性组织,而教师专业发展取向的教研制度通过一系列激励性、发展性的专业举措,营造合作、探究、反思的教研氛围,从而激发教师内在的行为动机,促进教师间的互助协助,保证教研组持续、健康、有序地运作。

(二)创新教研机制,转变教研模式

从文化建设、制度规范层面为校外教研组的改进指明方向的基础上,打破校外教研组功能局限的"立足点"是解决校外教师的实际需求,"切入点"是改进教研模式、教研方法和手段,"生长点"在于对打造品牌活动的执着追求。

创新教研机制,鼓励成立多样化的教师学习团队。例如,骨干教师团体、青年教师团体、课题组、项目组、跨学科教研组等,促进不同类型教师之间多向、多元的交流与互动。只有在规模较小的教师学习团队中,持续的教学改进才得以理解和实施,将传统的教研组进行优化升级,以多样化、小规模的教师学习团队,满足不同发展阶段的校外教师的专业发展需求。

既要做优线下教研,也要做强线上教研,更要积极寻求双线融合的契机。线下教研需要继续开展好参观考察、专家讲座、专题培训等深受教师好评的活动,更要组

织好公开课、听评课等与校外教师课堂教学能力提升密切相关的活动，通过新教师上汇报课、青年教师上达标课、一级教师上优质课、高级教师上示范课、特级教师上研究课等多种教研方法和手段，改进校外教师教学实践。线上教研活动需要选取校外教师关切的主题、提供丰富多样的学习资源、明确教研评价与反馈要点，线上教研有利于拓展教研时空，促进广大教师的深度参与，但只有做好反思与评价才能真正引起共鸣。

为了进一步巩固校外教师对教研组的情感归属，需要着力打造、维护校外教研组的品牌活动，在活动的参与对象、时间地点、成果形式、宣传造势等方面用心设计，推动活动品质不断提升和活动影响力持续扩大，发挥品牌活动的引领作用和示范作用。

(三) 发挥教研组长作用，提升教研活动实效

教研组长的素质和能力是影响教研组活动有效性的重要因素之一。作为连接政策、理论，以及好的做法与校外教师之间的“桥梁”，教研组长/副组长的责任与义务不仅在于完成常规管理工作，更重要的在于以校外教师需求为导向，基于校外课程和活动的特殊性，致力于解决校外教师专业发展中遇到的难题。因此，增加对教研组长的考评，也可以督促教研组负责人更好地行使权力、履行职责，发挥好“桥梁”作用。

教研活动的有效性最为关键的是教师本身的投入与参与，为此，可以通过制订教研活动任务单的形式，要求校外教师在教研前、教研中、教研后，记录教研任务、分析活动设计，体会分工与合作。其重点是引导校外教师关注教研计划是否如期推进、教研主题是否贴近教学实际、教研过程是否有助于解决问题、同伴之间是否实现有效互动等。通过每学期、每学年汇总的教研活动任务单，教师撰写完成个人的教研小结，可以是对教研活动的回顾，也可以分享自己印象最为深刻或对自己影响较大的一次教研活动，并结合自身专业发展的阶段特征与需求，对教研活动的改进提出自己的意见与建议，真正成为教研的“主人翁”。

校外综合实践活动中提升小学生工具意识的实践研究

上海市少年儿童佘山活动营地　徐秋莉

工具意识是指人们在解决问题的过程中使用和创造工具的意识，具备“工具意识”可以大大提高学习、工作效率和安全性，这也是科学技术等方面社会发展的内在推动力。当下，人们的工具意识相对薄弱，特别是小学生群体，无论是课堂学习还是解决日常问题都容易依赖于成人，或凭想象行事。长此以往，会影响小学生养成良好的学习和生活习惯，导致自己动手、自主探究的欲望越来越低，安全意识也越来越薄弱。

目前，无论是校内还是校外都在逐步重视对于小学生工具意识的培养。校内各学科也逐步开展对学生学科学习工具意识培养的研究，但也仅局限于研究解题方法。在校外综合实践活动中存在许多工具的实践使用，但是缺乏对这一类问题的理论研究。本文中的工具意识特指小学生在解决日常问题时第一时间想到并正确使用工具的意识。

一、意义与价值：提升工具意识的目标作用

小学阶段处于行为习惯和价值观念的萌芽和发展期，在这个时期进行工具意识的培养，对提升小学生综合素养具有重大的意义。

1. 提升独立解决问题的能力。“工欲善其事，必先利其器”，想要有效的解决一个问题，使用一件正确的工具无疑是事半功倍。从校内数学课上使用量角器量取一个角的度数，到实际生活中使用螺丝刀拧玩具的螺丝、使用洗衣机清洗自己的衣物，学会正确使用工具，大大提升了小学生独立解决问题的能力，不再需要凡事依靠老师、同学或父母，极大地培养了其自理自立的内在品质。

2. 增强自我保护的安全意识。现实生活中由于不使用工具受伤的案例比比皆

是，钻洞作业时不戴手套和防护面罩，游泳时不带游泳圈和护目镜，烤面包时不戴防热手套……这些行为正是缺乏工具意识的表现。工具意识的培养有利于促使小学生群体养成遇到问题时第一时间想到正确使用工具的习惯，增强自我保护安全意识，做到有的放矢，思虑周全，培养了其踏实负责的内在品质。

3. 发挥无穷的想象力和创造力。带着工具意识去解决问题时，学生就会主动地去寻找或利用身边的材料制作适合的工具。在制作工具的过程中，学生的想象力和创造力会被无限扩大，在寻找更合适的工具时，学生会主动思考探究，培养其乐于探索的内在品质。

二、实践与探索：提升工具意识的特点与策略

（一）主要特点

教育部有关部门 2013 年 11 月颁发的《示范性综合实践基地实践活动指南》指出，示范性综合实践基地要围绕实施素质教育，以培养学生的创新精神和实践能力为核心，开展生存体验、素质拓展、科学实践、专题教育等丰富多彩的实践活动……学会使用一些基本工具，培养学生初步的技术素养；培养学生热爱劳动的习惯和参与社会实践的能力，增强学生的社会责任感。校外综合实践活动中的工具使用具有实践性和连续性的特点。

1. 丰富多样的生活实践性活动。校外教育活动的特点之一就是鲜明的实践性，活动的内容基本以动手操作、身体运动为主。如烧烤竹筒饭、烧汤、水果拼盘、拓展小游戏等，涉及水果刀、手套、防护眼镜、地垫等工具。活动中学生使用工具的概率高、范围广，并与日常生活密切相关。

2. 连续充足的思考实践时间。校内教育一课时一般为 40 分钟，不利于长时间开展活动。而校外综合实践活动可以开展 1—3 小时，甚至是半天，给学生充足的时间去思考、去实践，有利于学生更完整、更细致的使用工具，发挥想象力创造工具。

（二）路径策略

1. 以“安全＋高效”为目标，培养学生“工具优先”的意识。“工具优先”的意识是指学生在解决问题时第一时间想到使用工具，主要目的是安全防护和提高解决问题的效率。校外综合实践活动通过创设模拟情境，让学生在亲身体验中感受到优先使用工具的重要性。应急避险课程涉及各种防护和救援工具的制作和使用，以“远

岸溺水救援”为例，活动分为寻找制作救援工具材料、制作远岸救援工具、进行模拟远岸救援。在理论学习和模拟实践中，加深学生对救援工具能起到自我保护作用并提高救援成功率的认知，促使小学生在日常生活中主动储备家用安全防护用具，提升安全意识。

表 1　应急避险课程工具

课程名称	认识和使用的工具
溺水的自救与施救	防护工具：游泳圈、泳镜、鼻夹 救援工具：救生圈、短绳、泡沫板、长竹竿、长柄伞等
烟道逃生	防护面罩、毛巾
缓降逃生	缓降逃生绳
心肺复苏	AED、防护手套、防护口罩
止血包扎	绷带、消毒用品、创可贴等

2. 以“劳动＋评价”为载体，提升学生正确使用工具的技能。校外综合实践活动以贴近生活化的活动内容，成为小学生劳动教育的一个优势载体，同时“实践”两字又提供了使用工具的场景。劳动教育的内容丰富，包括个人生活类、生产类和社会性服务类，涉及不同种类的工具。以“农田耕作活动”为例，学生在活动中体验各种农耕劳动，除草时使用镰刀、翻地时使用锄头、浇水时使用洒水桶……通过劳动教育课程的普及，学生能认识常见劳动工具，学习使用工具的技能。掌握正确使用方法是使用工具的核心内容，通过活动中添加两种有效评价方式提高学生使用工具的正确性。一是教师在劳动过程中对学生参加活动的过程口头指导评价，及时纠正不正确的工具使用现象；二是学生在劳动结束后对自己开展的总结性反思评价，学会使用工具解决实际问题。

表 2　校外综合实践活动中的劳动教育课程工具

劳动教育类别	课程名称	认识和使用的工具
个人生活类	内务整理	手套、扫把、拖把、扫地机等
	衣物清洗	手套、洗衣机、肥皂等
生产类	农田耕作	铁锹、锄头、洒水桶、镰刀、手套等
	烧烤竹筒饭	柴火、砍刀、竹棒、手套等
社会性服务类	环保志愿行	手套、钳子、小蜜蜂喇叭等

3. 以“探索+实践”为方法，挖掘学生创新、创造工具的精神。校外综合实践活动主要以学生自主探究为活动形式，在课程的实施过程中，学生将在充足的时间范围内，根据主题任务进行个人或小组探索，这为学生创新、创造工具提供了极大的空间。同时，在探索创新工具的同时，该活动更要关注工具的实用性，因此学生在创新、创造工具的过程中需要不断通过实践来检验工具是否有效。以乐高 STEAM 课程为例，教师为学生提供电子端和多种乐高积木，学生通过自主学习和小组探究的形式组装搭建工具，并且通过实践检验工具的实用性，如机器臂能否抓起物品、垃圾清扫机能否清扫垃圾等。活动期间，教师只给予技术支持，自主探索的活动方式让学生的想象力和创造力得以发挥，实践使用成果的过程又大大激励了学生创新、创造的潜力。

工具意识是安全意识、劳动技能和创新能力的综合体现。通过校外综合实践活动课程，小学生的工具意识能在思想和行为两个维度上共同提升，与此同时更要注重引导学生将工具意识带到日后的学习生活中，在着手处理一件问题前，要学会观察分析、正确判断，不鲁莽不消极，在保障自身和他人安全的前提下正确使用工具。另外值得注意的是，对于工具意识的培养不能局限于学生本身，还应扩展到校外教师、校内教师、家长等可对学生起到示范熏陶作用的群体，以此形成一个相对循环的工具意识培养体系。

“双减”政策下小学综合实践活动渗透德育的策略研究

上海市少年儿童佘山活动营地　王小敏

2021 年 7 月 24 日，中共中央办公厅、国务院办公厅印发《关于进一步减轻义务教育阶段学生作业负担和校外培训负担的意见》(简称“双减”)，要求中明确指出要“落实立德树人根本任务”“促进学生全面发展、健康成长”，释放了营造良好教育生态的信号。这对新时代德育工作创新提出了新的挑战和新的要求，也充分说明德育在学生成长、社会进步和国家发展中起到了关键作用。

《中小学德育工作指南》明确指出，综合实践活动课程要加强对学生生活技能、劳动习惯、动手实践和合作交流能力的培养，开展有益于学生身心发展的实践活动，不断增强学生的社会责任感、创新精神和实践能力。同时它强调综合实践活动的设计和开展要体现德育功能，而小学综合实践活动的主要载体是活动，因此坚持活动的综合性、创新性、实践性、自主性等，有利于发挥其德育功能，提升德育内涵，助力“双减”政策落地开花。

一、“双减”政策下小学综合实践活动的德育功能

“双减”政策为小学综合实践活动提供了时间和空间上的支持，同时也对德育活动提出了更高的要求和标准，要着力思考如何真正减轻学生在学业上的负担，让学生快乐学习、健康成长。传统单一的教学活动已不能满足新时代的课程要求。在此背景下，综合实践活动强调了帮助学生解决真实环境中复杂的，且具挑战性的问题，体现了社会性、教育性和个体性三大德育功能。

(一)小学综合实践活动的社会性德育功能

首先,小学综合实践活动通过情景体验开展活动,整合社会资源,体现了活动资源的联动功能;其次,活动课程将文明礼仪、自然生态、劳动教育、军事国防、素质拓展等内容整合在一起,融合多学科素养,体现了活动内容的文化功能;最后,小学综合实践活动以加强学生与生活的联系为设计主旨,推进学生对自然、社会和自我之间的整体认识与体验,形成了社会评价、家长评价、教师评价、同伴评价和自我评价等多元评价功能。

(二)小学综合实践活动的教育性德育功能

《国家基础教育课程改革纲要(试行)》中指出,教师在教学过程中应与学生积极互动、共同发展,要处理好传授知识与培养能力的关系,引导学生质疑、调查、探究、在实践中学习。综合实践活动课程通常是以问题为导向,在自然大课堂和社会大课堂的情境实践中获取知识、建构概念及解决问题,将知识点和技能贯穿于其中,让学生在真实场景的活动中,带有一定的任务去探究,从而激发应用新技能的兴趣,挖掘个人优势,提升核心素养,从而有效促进德智体美劳全面发展。

(三)小学综合实践活动的个体性德育功能

首先,小学综合实践活动以小学生为主体,以活动为载体,从学生的实际出发,遵循学生身心发展特点,充分显示个体差异性,发挥每一个学生在活动中的自主能动性、创新挑战性;其次,在活动设计和组织中,真正让学生成为活动的"小主人",鼓励学生在实践中自主动手、灵活思考,让个体在道德学习与生活中树立正确的审美观,逐步完善道德人格,从而形成正向的道德原则和行为规范。

不难看出,综合实践活动所体现的强大德育功能,对小学生形成良好的品德素养有着非常好的促进作用。因此,基于小学生思想品德的发展规律,将德育内容渗透综合实践活动中,加强综合实践活动与德育的有效整合,使德育更加生活化,促进学生身心健康成长,也是落实"双减"政策的一个重要突破口。

二、"双减"政策下小学综合实践活动渗透德育的策略

"双减"政策中提到,拓展课后服务渠道,充分利用社会资源,发挥好少年宫、青

少年活动中心等校外活动场所在课后服务中的作用。本文将以上海市少年儿童佘山活动营地(简称"佘山营地")为例,探索"双减"政策背景下,户外小学生综合实践活动应如何有效发挥德育功能。

(一)科学性和趣味性相结合,丰富主题式德育活动内容

苏霍姆林斯基说过:"在人的心灵深处,都有一种根深蒂固的需要,这就是期望自我是一个发现者、研究者、探索者。"综合实践活动就需要教师挖掘资源,善于创设一些富有开放性和挑战性的活动内容。因此,在设计活动中如何让学生既能保持学习的兴趣,学到科学知识,又能具有科学思维,树立正确的价值观,就需要在设计综合实践活动时,强调科学性和趣味性的有效融合,促使学生把表面兴趣转化为学习科学文化知识和培养良好行为习惯的稳定兴趣。

例如,野趣拓展系列活动,带领学生来到户外营地,体验仪式教育、内务整理、野炊活动、定向越野、农田采摘、拓展游戏等活动课程,有效融合了自主探索、科学求知等要素。其中,丛林野炊活动,组织学生烤竹筒饭、烧罗宋汤,设计活动中的"问题链",让一连串问题成为学生探索求知的支架,通过支架学生可以合作探究,一步步解决问题,提高科学思维能力,提升劳动技能。

(二)开放性和挑战性相结合,整合家庭—学校—社会德育活动资源

"双减"政策中指出,要进一步明确家校育人责任,密切家校沟通,创新协同方式,推进协同育人共同体建设。首先,佘山营地通过整合周边资源,利用各种场馆资源引导学生在实践中体验,在体验中感悟,在感悟中成长,在成长中育德。例如,森林公园定向越野、参观天文台博物馆、农田时蔬采摘、军营参观学习、消防安全演练、菜场超市采购等。

另外,佘山营地还通过加强家校社互动,努力形成育人合力。例如,针对小学高年级学生,开展"家书传情、家风传承""内务整理""我的衣服我来洗"等课程,营地设计评价标准,联合班主任和家长,根据学生表现进行评分,并计入个人成长档案。同时在特殊节庆日和纪念日,例如,学雷锋日、端午节、中秋节、重阳节等,开展社区服务小志愿者活动,整合学校、家庭及社会多方面的力量,广泛开展德育文化活动,调动学生参与社会实践的积极性,体现了"双减"政策的目的和意义。

(三)自主性和合作性相结合,构建情景体验德育生活化模式

小学综合实践活动主要是以与学生学习生活和社会生活密切相关的各类现实性、综合性、实践性问题为内容,构建自主性和合作性相结合的德育生活化活动模式。例如,佘山营地以“教育一个孩子,带动一个家庭,文明整个社会”为理念,设计开展的“环保新时尚”创作活动,以垃圾分类为主题,绘制个性环保袋。在成果展示的环节,很多学生的作品内容和颜色丰富多彩,主题和含义新颖独特,他们用自己的创意和想象力诠释了垃圾分类环保理念,促使学生们能够积极践行垃圾分类新时尚,从而提高学生自觉爱护环境的意识,养成垃圾分类的好习惯。这也充分回应了“双减”政策中提及的“引导学生放学回家后从事力所能及的家务劳动”要求,使德育渗透学生的生活中,彰显了德育生活化的内涵。

“双减”政策的出台,就是要回归立德树人初心,满足个性化、多样化学习与发展需求,聚焦学生核心素养的发展,这为营地教育带来了生机和活力。佘山营地在此背景下以综合实践活动为突破口,增强德育功能发挥,探索营地教育发展新格局,有效促进营地教育高质量发展。小学综合实践活动还要在创新活动形式、师资队伍建设、健全评价体系等方面深入探索,通过整合家庭、学校及社会多方面的资源,促进学生情感体验和道德实践有机结合。最关键的是,综合实践活动要构建充分反映中国特色、民族特性、时代特征的德育生活化模式,强调发展学生的多种智能,通过开展分析、评价、创造、反思等道德思维活动,不断积累相关的道德经验,形成良好的行为习惯,提升人文素养,这也是“双减”政策所秉持的教育观念和价值追求。

基于项目式学习的创客活动驱动性问题设计

上海市黄浦区青少年艺术活动中心　逄亚南

项目化学习起源于体验式学习、在做中学。上海市教科院普教所夏雪梅博士把项目化学习定义为:学生在一段时间内对与学科或跨学科有关的驱动性问题进行深入持续的探索,在调动所有知识、能力、品质等创造性地解决新问题、形成公开成果中,形成对核心知识和学习历程的深刻理解,能够在新情境中进行迁移。

创客活动,是以动手、分享和问题解决为主要方式,借助创客项目创意、设计和实施的完整过程的体验与实践,培养学生想象力、创造力和动手解决问题能力的一种教学活动。从本质上来说,创客活动依托项目式学习的发展路径,不断深入与挖掘潜在资源,更好地实现知识的重塑与迁移,每一个创客作品其实都是一个项目化学习的成果。驱动性问题作为项目化学习的核心,是创客活动设计与实施的灵魂,驱动性问题的设计将直接影响创客作品的实践过程和成果。

创客活动主要围绕两方面的内容进行:一是基于真实问题的研究性学习,二是基于设计与操作的任务型活动。在这些活动的开展过程中如何进行驱动性问题的设计呢?我们主要采用了以下几种方式。

一、依托真实情境,选择研究主题

创设创客活动的真实情境,就是要让学生回归生活本质,寻找会让生活变得更便捷、更健康或者更有趣的生活方式,对其进行一系列的研究实验并最后找到解决问题的方法。学生在教师的引导和启发下梳理出适合自己研究的课题。

在创意设计课上,我们以“节约在我身边”为主题进行创作。老师提出问题:既然是以节约为主题,那么,我们生活中一定存在浪费,你们能找找大家浪费过什么东西吗?有没有方法可以不再浪费?各个小组踊跃发言,思考解决问题的方法,再通过大家的交流讨论,最终提出具有科学性和可行性的办法,这也完成了一个创意设计的项目化学习(见图 1)。

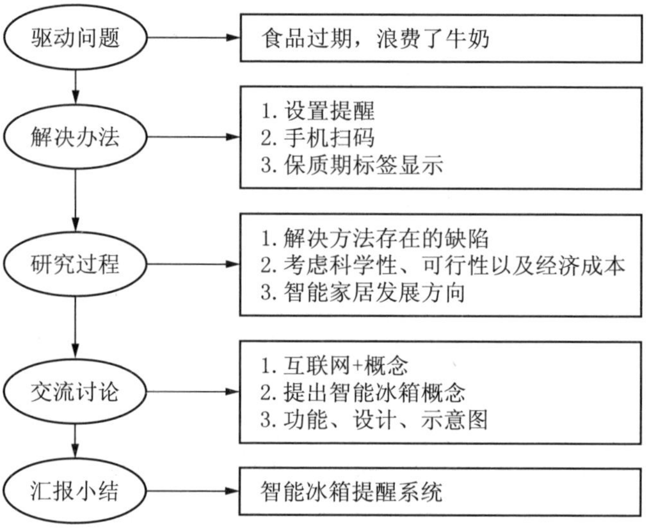

图 1 "节约在我身边"案例展示

二、围绕核心知识,突破重点难点

美国学者赫伯特·西蒙最早提出"设计科学"的概念,他认为设计是一种以将现存情形改变成向往情形为目标而构想行动方案的过程,设计过程本身就是一种创造性的问题解决活动。任务型活动,通过给出的挑战任务,激发学生发散思维,将多学科知识进行整合,并最终动手实践,完成一个创造物。在创客活动的项目化学习中,需要让学生学的是核心知识,这些核心知识是学科中的关键概念与学科能力,也是与学生成长、世界运行密切相关的知识。

以创客活动"爬直杆机器人"为例。爬直杆机器人需要设计和制作一个能爬垂直杆的机器人,必须类似人或动物爬杆的原理向上爬行,而不能采用轮式的运动机构。在光滑的直杆上如何确保机器人能顺利向上爬行,这需要进行力学的学习和实践的验证。为此,我们设计了几个板块。

板块一:机器人如想要在直杆上保持稳定,那么,它的受力情况如何?请画图示意。同时根据几组不同的视频资料进行分析,要向上进行运动,这些物体需受到哪些力的作用?

板块二:根据你的实验,你选取了什么材料、采取了什么方法确保机器人稳定在横杆上?还能不能再多选取几种材料呢?请写出材料名称。

板块三:你的机器人在爬行过程中一定遭遇了成功或者失败,请你说出与成败相关的因素。如果到达终点,请记录每一次完成的时间,并说出影响快慢的相关因素。

板块一聚焦力学的核心概念,分析不同状态的受力情况;板块二关注学生能力分析与日常知识考查,提升动手操作的技能;板块三在前面问题的基础上,进行应用实践并汇总比较。在驱动性问题的设计中,我们的立足点是:鼓励学生将自己的想法付诸实践,让学生用双手表达自信的头脑,这也是培养学生核心素养的有力支撑。

三、分阶任务驱动,确保有序完成

创客活动是一个需要不断探究、循序渐进的实践活动。我们以创客新星活动中的赛题为例加以说明。

第四届上海创客新星大赛项目

畅想未来——我的梦之校

学校是人生中一个重要的地方,在那里寄托着学子的梦想,演绎着人生中一段最青春、最梦幻、最美丽的生活。对于这样一个重要地方,你一定有许多希冀,让我们遥想未来,为自己的学校绘一张未来之梦的蓝图。

项目简述:为自己的学校设计制作一个未来学校的沙盘,设计基于现在学校的地理位置和面积,内容可以是全新的,学校仍为原校名。要求有一定的灯光效果。

作品要求:

1. 沙盘模型尺寸不大于 90×90 厘米。

2. 如有地下的特殊功能场所,应能够被观察到(如移开地上部分可以观察地下部分或地下层从侧面敞开可以被观察到)。

3. 鼓励使用废弃材料,但必须注意卫生安全。

4. 各部件(建筑)比例得当。

5. 一些重要的功能要展示细节。

此项任务型活动涉及的知识与能力非常广泛,包括了概念设计能力、创造能力、材料利用能力、动手制作能力。结论也没有标准的答案,如想象一下未来的学校到底是什么样子。这就能考查学生的认知能力、创造力和动手能力。任务型活动的设计思路应具有前瞻性和可操作性,创新的技术方案应合理、可行,应考虑到能否达到预期效果。动手实践表面上是“手”在行动,实际上身体力行的感悟必定会触发大脑的思考,从而构建新的知识和能力。为此,我们在驱动性问题的设计中,要帮助学生按照一定顺序,分阶段展开,逐步推进,最终我们完成了一个系列的驱动性问题设计。

问题一:对于学校的蓝图,请你重新规划并将整个校园主体进行划分,标明各个部分。

问题二:根据重新定义的学校,请你写出具体的每个特色,并标出关键词。

问题三:请根据你已经勾画的蓝图,手绘一张梦之校的蓝图,并标注相应的尺寸和重点区域。

问题四:请你尝试寻找各种废旧材料,尽可能地列举出来,并将材料应用情况列表填出。(表略)

问题五:根据你选择的重点区域进行功能介绍,并说说你是怎么实现这些功能的。

以上的每一个问题,都是以“我的梦之校”作为虚拟情境,指向了学生需要掌握的核心知识——设计与创造、材料选择与应用、工具与制作等。问题提出逐步推进,涵盖了项目式学习的各个方面,帮助学生完成创客作品的制作与功能结构。

项目式学习是一种以学生为中心设计执行项目的教学和学习方法,旨在促进学生的学习效果。创客活动的实践需要设计出好的驱动性问题,这样才能更好地对项目流程进行把控,体现学科知识的交叉,熏陶和培养学生的实践创新和人文底蕴等素养。

校外影像教育核心素养的实践探索

——以《居家静物摄影》线上课程为例

上海市黄浦区青少年艺术活动中心　巢匡昀

影像教育的四大核心素养是：影像传播与责任担当、影像创意与视觉表达、影像意识与文化理解、影像实践与技能运用。受疫情影响，根据在2020—2021学年第一学期的“居家静物摄影”线上课程的教学经历，笔者认为，可以从制定线上教学方案、开展线上教学活动、指导居家摄影创作、运用教学微视频进行回课等方面实施线上摄影教学，让学生在家里也能享受摄影创作带来的乐趣，从而培育学生的影像教育核心素养。

一、制定线上教学方案，培育学生的影像意识与文化理解力

线上摄影教学需要具备两个重要的特点，一是学生喜闻乐见的教学内容能够最大程度地激发学生的创作兴趣，二是学习的地点在学生的家中。基于这两个特点，笔者以“居家静物摄影”为课程主题进行教学设计。

“居家静物摄影”线上课程的设计与开发是一个全新的尝试，其意义是在疫情还未彻底结束的大环境下，确保学生可以安全地在家中进行基础静物摄影课程的学习，了解如何将家中普通的、不起眼的静物创作成一件有独特画面感的影像作品。在这个过程中，学生可以运用所学的知识，独立自主地完成居家摄影创作，逐步提升自主学习的能力。由于学生在居家创作过程中不受时间与空间的束缚，可以大胆发挥想象力创作出极富个性与视觉张力的静物摄影作品，从而提升学生的影像感知意识和视觉表达能力。

二、开展线上教学活动,培育学生掌握正确的影像传播方法

由于受疫情影响,笔者运用腾讯会议、微信以及QQ三款软件进行授课。

运用"腾讯会议"软件进行线上授课。"腾讯会议"软件能够向学生实时传递线上课程的内容,并在上课的过程中通过摄像头随时观察和接收学生的即时反馈。在授课的过程中,必须考虑授课内容的准确性和授课言语的规范性,尤其要考虑线上授课内容的可传播性,因此,在备课的过程中需要逐字逐句的考量,极力向学生传播影像正能量,为学生创造风清气正的线上学习环境。

运用"微信"的群聊功能进行静物摄影作品的收集与评价。利用原有的"班级微信群"学生可以在群中相互交流创作心得,运用"微信群"的图文功能开展更有效的全班"线上学习研讨",不受空间限制,相互取长补短,达到共同进步的目的。与此同时,笔者也通过微信群聊功能对学生的摄影作品进行在线点评,帮助学生在最短的时间内了解自己作品的优缺点。

运用"QQ"群中的"群空间"功能对学生的静物摄影作品进行归档与保存。由于是线上教学,所以对学生摄影作品的存档工作也要做到"即时互通"与"即存即取",促进学生养成存储作品的好习惯,要让学生学会尊重与珍惜自己的摄影作品,做一名对自己的作品有责任担当的摄影创作者。

除此之外,笔者对学生上传至网络的摄影作品做了严格的要求,作品内容所传递的信息必须健康且积极向上,这是一名摄影创作者的底线。学生不仅要学会如何创作出优秀、健康向上的摄影作品,还需要在创作过程中秉持"责任意识",做到对自己的创作内容负责、对图像的网络传播途径与传播影响负责、对图像的版权管理负责。

三、制定练习项目,培育学生的影像创意能力与视觉表达力

在"居家静物摄影"线上课程中,学生主要围绕静物摄影构图、静物摄影的布光技巧两大知识点进行居家拍摄练习。

(一)居家静物摄影的构图训练——培育学生的影像创意能力

学生学习静物摄影构图的关键在于根据所拍静物的大小关系、色彩关系与位置关系进行拍摄前的摆放与布局,在画面中达成几何造型的视觉表达效果,从而使

画面具有创意感。学生主要学习两种静物摄影构图方法：对称构图法与对比构图法。

对称构图法：在课程中，笔者要求学生在拍摄若干相同大小的静物时，可以将静物按照轴对称的方式进行上下、左右的摆放与布局，使画面呈现稳定、有安全感的视觉效果。

对比构图法：在课程中，笔者要求学生在拍摄若干不同体积与不同色彩的静物时，可以在画面的布局上刻意放大静物间的差异性，从而进行比较式的布局排列，静物之间的比较可以在画面中安排一条分割线作为明显标识，从而在画面中更好地突出被摄静物的"色"与"形"，最终以矛盾冲突的手法表现静物。

笔者发现，由于学生是居家进行创作，每一位学生所拍摄的静物是不一样的，学生们都喜欢在两种构图法的实际使用中融入自己的创意，力求拍摄出与众不同的静物摄影作品。在居家创作的过程中，学生可以不受任何限制，通过"从拍中学"的方式逐步理解"静物摄影构图"，从而提升静物摄影的创作水平。

（二）居家静物摄影布光技巧的训练——培育学生的影像视觉表达力

"摄影"被称之为"光"的艺术，可见"光线"在摄影创作过程中起到了至关重要的作用，没有"光线"我们就无法获取清晰的影像。在课程中学生主要学习三种静物摄影布光技巧：自然光、顶光与斜侧光。

自然光：自然光也就是太阳光。学生居家进行静物摄影创作时，可以将自然光作为首选光源进行拍摄，并结合静物的特点选择最适合的拍摄角度。

顶光：顶光是将光源从被摄体正上方或斜上方进行照明的布光技巧。使用"顶光"拍摄可以为被摄静物营造明亮而广泛的光域，从而将静物的细节很好地展现出来。

斜侧光：斜侧光是将光源从被摄体左右任意一侧 45 度进行照明的布光技巧。这种布光技巧特别适合拍摄竖直状的长条形静物，通过单侧的照明可以更好地凸显静物的质感与立体感。

通过实际的教学经历，我们发现以上三种布光技巧较适用于学生居家进行静物摄影创作，学生运用家中的光源就可以进行布光，虽然三种布光技巧在形式上过于简单，但是对于居家进行创作的学生而言却已足够，学生需要重点掌握的是在创作过程中合理运用光线来表现静物。

四、运用教学微视频进行回课,培育学生影像技能的运用能力

“居家静物摄影”由于是线上课程,笔者在实际授课中发现以下三个问题:其一,由于隔着屏幕上课,教师无法第一时间准确地获取学生的“课堂反馈”;其二,受制于电脑摄像头景别、位置、距离等因素,教师很难向学生展示全面且清晰的教学内容;其三,由于学生处于居家上课的状态,上课过程中难免会受到家庭环境以及网络因素的影响。基于这些问题,笔者认为,要做到既保证线上课程的教学质量,又保障学生的学习效率,就必须对每一节线上课程做系统性的“回课”,从而帮助学生能够在课后梳理并掌握知识要点,提升学习效率。所以,笔者结合自身的专业特长与摄影课程的特点,通过制作“教学微视频”的方式对“居家静物摄影”线上课程进行回课。

笔者在每一节授课后制作该课程的教学微视频,通过对微视频中每一个镜头的整理和编辑、梳理知识要点,帮助学生更直观地理解教学内容。微视频的时长控制在3到5分钟,便于学生转发与收藏,真正做到“随时看、随时学”,学生还可以反复观看微视频,反哺学习内容。

对于笔者而言,“居家静物摄影”线上课程的开发和实施只是一个开始,作为一名校外摄影教师需要严格遵照摄影教育教学的发展规律,发挥摄影学科的特点,将“线上”与“线下”两种教学方式相结合,逐步探索出一条后疫情时期有效培育学生影像教育核心素养的教学之道。

基于 STEAM 理念下的机器人舞蹈项目实践

上海市黄浦区青少年科技活动中心　庄　婕

STEAM 教育是跨学科的教育，是将科学、技术、工程、数学和艺术这几门学科中的知识和要点集合成一个有创新力的教学范例，使不同学科之间相互融合、紧密相连，以整合的教学方式培养学生掌握知识和技能，促使学生能够综合运用多种学科知识，提高探究和解决问题的能力，并灵活迁移解决真实世界的问题。

青少年机器人舞蹈项目是一个包括通信技术、机械运动、程序控制、舞蹈艺术、道具制作、舞台表演等综合技术的项目。为了让学生在这个项目中能更好地对各种知识进行实践应用，教师重新安排知识技能、问题、假设、设计、实践、探究、合作等环节，落实好 STEAM 教育。

一、STEAM 理念下的机器人舞蹈项目设计

随着人工智能技术的迅猛发展，在世界范围内掀起了一股智能机器人竞赛的热潮。从美国三一学院的机器人灭火，韩国的 FIRA，日本的 RoboCup、FLL 挑战赛，到国内的各类青少年机器人竞赛活动等，越来越多的青少年有机会接触、了解和学习这一高科技的产物。国内对机器人课程的研究始于 20 世纪 90 年代，教育部在 2003 年颁布的《普通高中技术课程(实验)标准》中首次设立了“人工智能初步”选修模块。有关专家呼吁“大力推进智能机器人进入中小学的进程”，并从中小学智能机器人课程的主要任务、主要特点以及教学目标等方面进行详细阐述。在小学和初中阶段，机器人课程教学可以与“综合实践活动”“信息技术课程”有机结合，高中阶段可以与“人工智能初步”“算法与程序涉及”“简易机器人制造”“电子控制技术”等技术类课程进行结合。

机器人课程作为“STEAM 理念＋人工智能教育”的有效载体，基于 STEAM 理

念下的机器人课程教育也逐步完善起来。通过对 STEAM 教育论和机器人课程相关文献的梳理,结合 STEAM 教学特点,笔者发现,STEAM 与"机器人舞蹈"课程具有充分的融合点,包括内容、教学形式、资源建设、教学评价等方面。其中的通信技术、机械运动、程序控制、舞蹈艺术、道具制造、舞台表演等课程内容,不仅体现了多学科知识的融合,也为 STEAM 项目化案例的开展提供支撑。

(一) 课程目标和内容

笔者根据学情调研结果,结合机器人舞蹈项目比赛标准和规则要求,明确了课程中的技术内容,结合 STEAM 教学目标细化,通过提炼,确定了以下目标。

表 1 "走进 RCJ"课程总目标

类　　别	课程目标
S(科学方面)	1. 知道机器人舞蹈项目内容及规则 2. 了解电机和布进电机、电机运动原理和硬件、电路的构成 3. 相关传感器的工作原理和应用 4. 机器人程序设计基本结构 5. 了解各种道具的制作方法 6. 了解动作与机器交互的关系
T(技术方面)	1. 能通过制图软件制作简单图形表达设计 2. 综合运用底盘运动和舵机运动 3. 通过硬件了解教学实例操作,基本能完成传感器交互程序,练习载体实现交互 4. 通过瓦楞纸灯和黏土人偶的制作,实践成型方法 5. 学习音乐剪辑软件,完成一段创作
E(工程方面)	1. 通过机器人运动技术分析,设定人、机、道具的分配 2. 通过制作时间规划表和制作实施时间预设,完成项目进度规划 3. 根据实际要求构思机器人机电、编程设计 4. 了解由项目设计转换成实际目标时所发现的问题和处理方案
A(艺术方面)	1. 通过实例分析剧本、提炼故事,完成剧本设计 2. 完成机器人角色、人物角色、道具设计 3. 体会音乐节奏的变化与剧情的关系 4. 感受形体动作对剧本的重要性
M(数学方面)	1. 运用比例、函数等完成程序设计 2. 运用数学知识完成机械传动设计 3. 运用数学几何知识完成道具的设计制作

（二）课程内容与单元目标的设定

首先，把SETAM课程总目标中的目标内容与舞蹈所需要的知识技能目标做融合，提炼出六个单元。其次，把每单元学生需要学习的技术再做细化。在设计单元目标及内容的同时，同步开发教材。

表2 具体单元及内容

单元	总目标	分类	细分目标
第一单元	走进RCJ机器人舞蹈	科学	1. 通过案例分析，提问解答，了解项目学习内容、学习目的、技能构成 2. 通过技能板块的分析、学生自我认知分析，实现分组 3. 通过实例了解学生学习过程中自我探究和发挥，从而达成目标的过程
第二单元	项目设计与统筹	科学、艺术、工程	1. 通过实例分析剧本、提炼故事，完成剧本设计 2. 通过机器人运动技术分析，设定人、机、道具的分配 3. 通过学习制图软件，能简单用图形表达设计 4. 了解项目介绍PPT的核心框架，学习PPT技能，能够对自己的项目进行汇报 5. 通过制作时间规划表和制作实施时间预设，完成项目进度规划
第三单元	机器人概述	技术、数学、工程	1. 通过了解教材、PPT介绍、真实教具学具的观察，总体了解机器人的系统构成及各种技术构成 2. 通过联系实际生活，举例机器人的应用 3. 通过对各种功能机器人的了解，畅想机器人应用项目并作出方案 4. 通过小组方案讨论分析，教师辅导参与，落实一份机器人项目设计方案
第四单元	机电一体化机器人	技术、数学	1. 通过实物载体了解电机和布进电机 2. 通过载体制作，深入了解电机运动原理和硬件、电路的构成 3. 通过对方案的技术转换，探究制作机器人
第五单元	ARDUINO编程控制	技术、数学	1. 通过演示操练，基本了解ARDUINO硬件系统的供电方式和不同型号的主控板特性，基本学会引脚接线和供电选择 2. 通过程序实例演示讲解、学生跟做，初步学会底盘运动和舵机运动 3. 通过了解硬件、教学实例操作，基本能完成传感器交互程序，练习载体实现交互 4. 通过个别辅导、项目案例分析等方法，能完成通信程序的编写

续表

单元	总目标	分类	细分目标
第六单元	舞台道具表演	艺术、技术、数学	1. 通过材料分析、属性分析、了解各种道具的制作方法 2. 通过瓦楞纸灯和黏土人偶的制作,实践成型方法 3. 通过制作经验的总结,小组方案的讨论,指定出项目设计中的道具制作方案

(三)“机器人舞蹈”STEAM教学设计模型

本课程特色是在项目设计的基础上,使学生习得的技能能输出应用到项目实践中,这就要求在技能练习载体的安排、知识技能原理的教授上做到精细化设计。从技能到实践载体再到应用项目实现之间能形成贯穿。课程设计利用到STEAM教学模型,科学地加强了学生综合技能的结合、分配,在项目完成的同时,增加了学生学习过程的多样性和各种能力的主动发展。根据课程内容和STEAM教学特色,梳理教学设计模型如下。

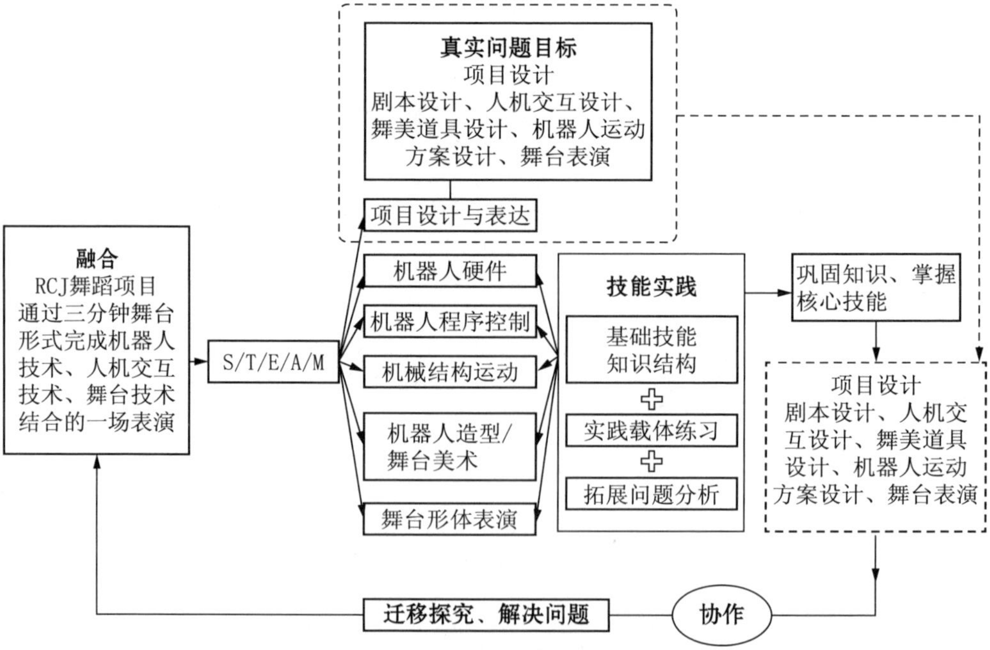

图1 “机器人舞蹈”STEAM教学设计模型

（四）课程评价设计

1. 评价形式。采用四种动态的方式评价：教师评价、学生个体评价、学生互评、结合 RCJ 舞蹈评分表评价。评价注重 STEAM 的评价方式，既要反映学生个体的专项技能参与程度，也要反映学生的综合素养。

2. 评价表。在评价表中，加大机器人设计的比重，是为了突出设计环节的重要性及覆盖学时的时间长。技术分析的占比大是因为这个部分不仅能反映学生技术的扎实程度，并且能够体现学生的技术思维及核心素养。

表 3　课程评价

评价内容		评价权重	STEAM 维度
机器人运动实验评价表	机器人设计	15%	S、T、A
	技术探究的全面性	10%	
	技术分析总结	15%	
	实验结果完成度	10%	
任务设计规划评价		10%	E
编程控制评价表	硬件搭建	10%	S、T
	程序思维与逻辑	10%	
个人评价表	分工环节能发挥特长优势完成任务	10%	S、T、E、A、M
	发现并解决问题	10%	

二、教学实践

在教学实施的排序上，课程关系呈现线性结构与非线性的滚动结构双向实施特征。让课程结果更有效的具体做法是：

1. 第一、第二单元内容先上，先完成项目总方案，让学生在实践环节可以有针对性的探索，能有效地加强结果的稳定性。实践完成后，根据一、二单元的学习结果进行调整，把设计方案和技术再做整合。这一部分的单元内容和课堂实施呈现的是非线性的课程滚动关系。

2. 第三单元到第五单元内容由浅入深。第三单元的机器人概述，主要是机器人各结构、内外传感器、动力源、机械臂、机器人语言的知识普及。第四单元在第三单元的基础上,细化了机械臂、动力源等机器人执行运动的技术。结合三、四单元内容,学生可以选择一种技术进行实践探索。而第五单元,在做问卷调查的时候发现是学生知识技术的盲点——机器人编程控制,因此,在机器人动力执行已经探索完成的基础上,再加入语言编程课,有了三、四单元的基础,语言编写显得更得心应手。

3. 通过校外机构教育的特色,设置课后任务,让课程结果更有效。一旦给予学生开放式结果的探索,对课时要求就很高,除了前面讲到的利用课程关系的线性与非线性结构双向实施以外,还利用了校外机构的课程特色,有更丰富的内容和宽裕的时间让学生探究,更好地体现 STEAM 教育特色。如第三单元"机器人概述"课后布置的任务是"发现、畅想一种服务型机器人,能帮助特定的人群,并完成机器人设计方案,方案包括机器人造型、运动结构(机械臂)机器与人交互等"。此项目后续经过孵化,参加了机器人知识与技能大赛并获得上海市二等奖。学生经过一周的时间,可以通过查阅资料、项目畅想、和家人探讨等方法,了解特殊人群经历的种种过程,再一起分享每组的方案,这样的学习结果是扎实的、丰满的、超出课堂预期的。

从两个电机运行的实践方案中可以看到,两个小组对电机进行不同方向的研究,并得到了不同的研究结果,这样的结果在评价和交流的教学环节是能得到共享的,更扩大了学生的学习结果。A 组由于有舞蹈剧本的设计导入,在实践电机运动的过程时,制作方案就是花朵的旋转,在学习第五单元的 ARDUINO 控制后,直接转换成舞台道具,加强了结果的有效性探究。

从构建 STEAM 理念下的机器人舞蹈项目教学模型,到梳理单元教学与实施结构规划,再到教学实践并分析,实践证明了 STEAM 理念下的机器人课程教学的有效性。

单元教学视野下科学探究课的教学设计与实践研究

——以“食物中维生素C探究系列单元设计”为例

上海市徐汇区青少年活动中心　杨海霞

笔者作为区青少年活动中心的科技教育工作者，长期致力于开发科学探究教学设计与实践。现以“食物中维生素C探究系列”单元设计为教学实例，呈现具体的教学设计与实践研究。

一、以“科学探究脚手架”的建构为理念开发单元课程设计

基于核心素养的培养，需要课程设计以单元教学为着眼点，一个单元解决一个大问题，以单元为站位，进行目标、内容、载体、过程、评价的选择和确定。

科学探究是应用化学项目课程教学的关键实施路径，致力于过程中培养学生的“认知能力、科学思维、实践探究、社会责任和态度”。“食物中维生素C探究系列”单元设计作为中级课程的一个主题单元，旨在以单元课程的设计视野，通过科学探究法宝的学习、掌握、运用，达到自主性“发现问题—设计方案—实施探究—解决问题”的目的。此单元的开发设计着眼于“科学探究脚手架”的单元建构，即单元设计可为课外校外教师提供科学探究单元教学案例，建立科学探究法宝教学实践模型，形成教师探索科学探究课堂改革的试金石。“科学探究脚手架”的建构理念(见图1)。

二、以“科学探究核心方法的学习”为导引，选择单元核心内容

科学探究方法是连接知识和能力的纽带。掌握一种科学探究方法胜过解答十个问题。对科学探究方法的学习和考查体现了新的科学探究的教学理念。以培养

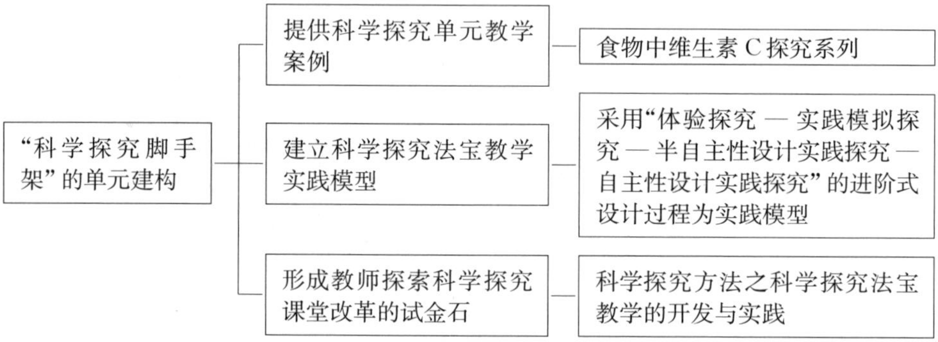

图1 "科学探究脚手架"的建构理念

核心素养为课程目标导向,致力于让学生超越单纯的知识掌握,真正理解和掌握科学探究的本质和内涵,注重科学探究方法的学习。在以往的科学探究课程中,学生在实施科学实验时多数停留于模仿实验,老师怎么说学生怎么做,一旦探究的问题改变了,他们便茫然不知所措,失去了探究的主动性,而科学探究需要的正是学生的主动行为。如何让学生纵使探究问题改变仍然会自主解决问题呢?这需要学生能通过自己的探究体验、实践学习自主掌握科学探究方法,进而运用科学探究方法解决实际生活问题。因此,如何引导学生在生活中发现问题,并运用科学探究方法解决生活中的问题是科学探究的学习目的所在。

本单元选择科学探究的关键核心方法,即科学探究法宝的学习作为单元核心学习内容,以期能让学生在实践过程中主动掌握科学探究法宝,并学会运用这些去解决实际生活中的问题,引导学生核心素养的培养。

三、以"学生兴趣为依据"确定学习载体

科学探究法宝的学习、掌握和运用不是理论化的,而是具象的、生动的,并能充分激发学生学习兴趣的。在本单元设计中,如何能让学生在循序渐进的探究学习中达到这一目的呢?

初中校外课外科学探究小组(社团)的学生都具有一定的生活经验。水果、蔬菜是他们每天必不可少的饮食,也基本了解水果蔬菜中含有丰富的维生素C,然而他们对维生素C含量检测的原理、检测方法、比较方法,并未进行过实践探究,因此以此作为科学探究的载体,能充分引发学生们的学习兴趣,吸引学生主动地、全身心地投入探究活动之中,感受探究的乐趣,体会探究的价值和意义,不断生成成就感和

效能感，进而达到在兴趣热爱中学习的境界。

四、以“科学探究法宝”开展学习体验

以“运用科学探究法宝模仿性解决问题，运用科学探究法宝半自主性解决问题练习，运用科学探究法宝自主性解决问题”的进阶式深度学习为过程实施单元教学。

以素养导向为学习目标，基于科学探究法宝的学习，笔者设计了“食物中维生素C探究系列”单元教学，以期通过四节课的教学，使学生能在进阶式的过程经历即“设定问题学习体验—运用科学探究法宝模仿性解决问题—运用科学探究法宝半自主性解决问题练习—运用科学探究法宝自主性解决问题”中进行科学探究法宝的深度学习，通过“认知—理解—掌握—运用”，使学生最终能实现自主性地“发现问题—设计方案—实施探究—解决问题”的目标。

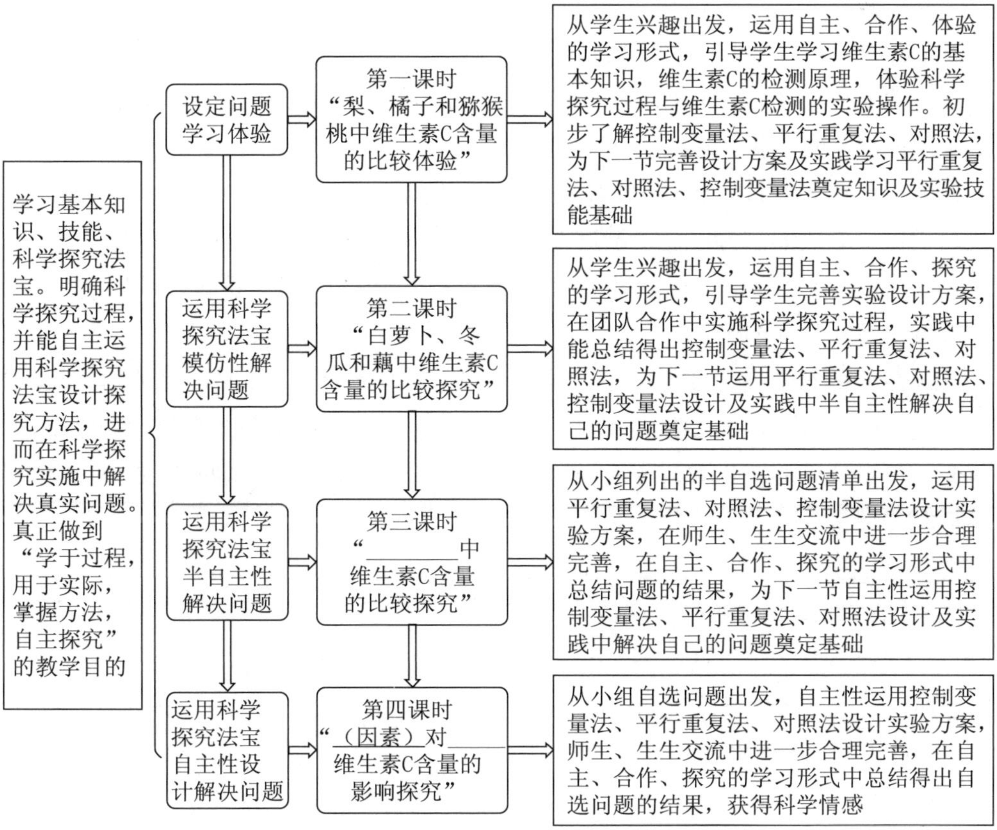

图2 “食物中维生素C探究系列”单元教学设计示意

五、以科学探究法宝的实际运用为目标,实践"教—学—评"一致

学生对于科学探究法宝的学习及运用不是一学就懂、一懂就会的,学生需要在老师的引导下,在不断地自我学习、体验、设计、运用、总结、反思、发现问题、解决问题的过程中慢慢学会如何灵活运用。建立分阶段、分课时的发展性目标设定、过程实施及多元评价,基于项目课程的评价维度(认知能力、科学思维、实践探究和社会责任与态度),依据各课时教学目标进行分课时评价内容、评价方式的有效确定。教学、学习、评价共享课时目标与单元目标,同时采取自评、互评和师评相结合的方法进行教学评价记录,过程中适时给予指导,帮助学生反思学习过程,改进学习方法,提高学习效率,促进学生自我认知、自主管理、自主思维等素质的提高,以达到综合的过程性评价。

单元教学视野下的科学探究课的教学设计与实践研究,不以空洞的说教和灌输开展教学,而是通过进阶式的教学设计、深度的探究实践、生活中的实际运用、教学评定的一致指向,以期学生在过程中能达到自主运用科学探究法宝去解决生活中实际问题的学习目标。

本单元课程设计紧密结合国内学生实验类课程及课后拓展类课程少的现状,从科学探究方法的掌握上循序渐进地进入解决问题的阶段,可更有效地提高学生的核心素养,指向我们共同的教育目标——让学生科学的生活,认识自我,拥有解决问题及获得幸福的能力。

本单元的教学设计理念、教学案例分析及建构对科学探究课程、拓展类课程的设计与实施具有一定的借鉴性和参考性。同时适当改变教学载体和目标的设定,可将此教学设计延伸至小学阶段,引导学生从小养成自我探究、自我解决问题的良好品质与习惯。

首届“SNG杯”长宁区少年宫教师业务技能展示评比活动的实践与反思

上海市长宁区少年宫　方　玲

近年来，越来越多的学校抱怨，现在的教师队伍不好带，尤其是青年教师“躺平”的思想严重，少年宫亦存在此种情况。究其原因，一是现在的青年教师是在补习班、兴趣班的奔波中成长起来的一代，从小更多的是在被动的状态下学习成长，习惯了被安排，缺少主动意识，往往是推一推才动一动，容易躺平。二是现在的青年教师渴望即时反馈，努力了就要马上看到成果，如果看不到成果就会挫败积极性。三是校外教师有着“专业技艺高超就是优秀教师”的传统观念。而后疫情居家长期停课不停学的状态，使他们放松了对教育教学精益求精的钻研，对自己的业务能力认识不准确，不能够正确地评价自己，自我认知与外部评价的不匹配，导致他们认为不被认可而躺平。

基于此，长宁区少年宫整合了历年开展的教师说课评课活动、论文征集活动等单项的评比活动，于2021年举办了首次“SNG杯”长宁区少年宫教师业务技能展示评比活动（“SNG”为少年宫的拼音首字母）。

一、设计与实施

（一）参考长三角与市级比赛模式，设计评比活动方案

少年宫教科研室在充分听取各方意见后设计了本次活动方案。对活动目的、参加范围、展示评比内容、活动日程安排等方面进行了详细的规定，力求在为长三角与市级评比展示活动做好选拔的基础上，凸显本单位的特色。

在参加范围上，我们规定本次活动面向少年宫全体教师，但规定符合以下条件之一的教师必须参加：①35周岁及以下的青年教师，②2021年准备申报中级职称的

教师。旨在鼓励全体老师参与的同时,也向重点人群倾斜。在展示评比内容方面,与长三角及市级评比展示活动要求保持一致,要求每位参赛教师须参加“校外教学设计”“校外活动策划”“校外教育科研”“校外项目专业技能”四个板块的业务展评活动。在活动安排上,重在提升参赛教师的专业成长,将专项培训与专业技能展示相结合。活动贯穿全年。

(二)通过培训开阔眼界,为教师搭建专业成长的阶梯

根据活动安排,6 月份教师须提交录像课、教案和活动方案,9 月份须提交教育科研成果。在每次提交材料之前,少年宫都安排了丰富多样的培训“大餐”,以满足教师专业成长的需求。

少年宫教科研室邀请艺术活动领域的专家为教师开展“一堂好课”系列讲座,包括“有效的课堂教学”“寻美探法之路——‘好课’应该好在哪里”“打造校外群文活动的美‘好’境界”。内容涉及规范撰写教案、一堂好课的评价标准、群文活动的实施与创新等,并为大家展示了优秀的音乐、美术课例和活动案例。我们还进行了“艺术美育改革创新案例写作漫谈”“艺术教师的论文写作”的专题培训。根据大家提交的参赛成果,又针对性地安排了提高改进型培训,如“如何提升视频课拍摄质量”“主题活动方案设计”“关于案例撰写的建议”等。

(三)不断磨课精益求精,群策群力打造“一堂好课”

对老师们交上来的教案录像课和活动方案,少年宫并不是一评了之,而是根据参赛教师的意见和建议,教科研室首先对老师们上交的教案中存在的普遍问题进行反馈,并从教案格式、教学目标、教学重难点的把握等方面对教案进行指导,按照项目领域,分别对书画项目、合唱和音乐剧项目、民乐项目、活动项目四组展开专场录像课说课评课活动。由少年宫的项目负责人、高级教师以及校外资深专家对相关项目老师进行了指导,帮助教师修改和完善,让老师在研讨磨课中不断提高教育教学水平。我们还邀请活动专家颜清琦老师对“SNG 杯”参赛教师提交的校外主题活动方案进行点评,与少年宫青年教师共同交流探讨校外主题活动的创新设计思路。

我们按磨课修改后的录像课、教案和活动方案进行评比,既增强了教师们研修动力,也帮助他们养成主动磨课钻研的习惯。

(四) 聚焦课例,及时将教学实践转化为科研成果

根据青年教师的现状,教育科研板块的内容调整为围绕本次评比展示活动录像课的教学案例。我及时向大家介绍了教学案例的要素构成和写作方法,又从《长宁教育》"案例叙事"专栏中,挑选了两篇具有典型性的案例供大家参考并鼓励教师将专家评课的建议及时融入教学案例中。案例评审专家同时是《长宁教育》的编辑,也为教师们提出了案例修改提升的针对性建议,促进了教学实践向科研成果的有效转化。最终以"SNG杯"年度颁奖展示的形式,为此次活动画上了圆满句号。

二、特色与亮点

(一) 多渠道沟通倾听改进,尊重青年教师的个性化需求

校外的艺术教师个性都比较张扬,而青年教师更具有这样的特质,只有他们真正认可"SNG杯"活动工作的有效性,才会真正的投入。我们通过定期的"SNG杯"工作坊活动、培训后的"问卷星"不记名调查、与不同群体的不同项目组老师的个别交流、"SNG杯"参赛群内教师即时的意见反馈等方式,从制定活动方案开始,多渠道倾听大家的心声,并及时做出调整。

如针对老师提出的在评课前期缺少个性化指导的问题,增设了教学设计个别化指导和说课评课的环节;针对老师提出的比赛内容过多、脱离教学实际需要的问题,将上交论文改为围绕本次评比展示活动录像课的教学案例,将校外项目专业技能的评比改为展示交流。而这一系列的改变让青年教师实实在在感受到少年宫对他们的尊重。"SNG杯"活动不是要大家比个高下,而是为他们的成长制订相应的计划,从而使教师们由被动接受转为主动参与,实现了从"要我学"到"我要学"转变。

(二) 多方位展示激励,促使青年教师从"躺平"到"走起"

活动方案中明确了获奖教师由少年宫颁发荣誉证书,在年终绩效考核中予以体现,并由工会给予奖励。活动比赛成绩还将纳入中级职称申报考核内容。

在比赛过程中,我们及时发现参赛教师的闪光点。如有的青年教师擅长录像课制作、视频编辑,我们就请他们组团为全体少年宫教师讲解如何提高视频课拍摄质量、视频编辑软件的使用技巧。记录他们在比赛过程中的精彩表现,并及时在少

年宫的公众号上进行宣传。

比赛结束后，将写得好的优秀课例会推荐至《长宁教育》《上海市校外教育》等专业刊物上发表。而表现优秀的教师，也会推荐参加上海市及长三角校外教师专业技能展示活动。

三、反思与展望

“SNG 杯”长宁区少年宫教师业务技能展示评比活动将作为少年宫的常规活动每年开展。在后续的开展中，我们将探索：

（一）课题引领，让“SNG 杯”成为校外课程建设和活动创新的助推器

首届“SNG 杯”的教学设计板块侧重单节课设计、教案撰写等基本教学技能的提升上。活动策划板块侧重于活动方案的设计，但仅停留在纸面上，真正实施的成效如何，并没有考量。在以后的“SNG 杯”活动中，我们将以少年宫的龙头课题“双减背景下少年宫开发社会文化资源的实践研究”为引领，以单元课程的理念设计出线上、线下受学生欢迎的精品课程，在注重教师们创新思维培育的同时，更注重创新活动的孵化，让设计出的活动能够落地，成为具有区域影响力的品牌活动。

（二）问题驱动，将“SNG 杯”打造成项目化学习的精品

围绕“双减”后学校课后服务面临多样化资源紧缺的现实问题，探索以驱动性问题为引领，充分发挥参赛成员的主动性，群策群力设计研修实施方案，组织安排活动，以同伴协作的形式，进行各具特色的课程和活动设计，实现教师核心素养和能力的提升，将“SNG 杯”打造成项目化学习的精品。

（三）机制建设，使“SNG 杯”经验辐射少年宫全方位管理

在首届“SNG 杯”的实践过程中，我们形成了不少切实可行的机制，如在前文特色与亮点中提到的多渠道沟通倾听机制、多方位展示激励机制等，这些机制不仅在“SNG 杯”活动的成功开展、青年教师的专业成长中发挥了重要的作用，同样也适用于少年宫整体研学氛围的打造、全体教师的管理中。我们要不断总结“SNG 杯”的经验，使其辐射面更加的广阔。

走进海绵城市，玩转第二课堂

上海市长宁实验小学　杨　欣

未来城市——海绵社区屋顶设计项目（简称“海绵城市”）是在以科技为主的跨学科背景下开发的项目化学习课外课程。从课程角度对内容进行梳理、设计与实施学习项目，引导学生围绕项目开展研究，通过探究将方法应用至生活，是加强小学各学科间、学科与生活联系的重要方式。

一、开发项目课程的意义

（一）课内外教育的有机结合

对海绵城市项目的设计与实施的探索，起步于课内跨学科项目研究，将“项目背景”“项目主题”“研究任务/问题”“项目目标与内容”“项目评价”“实施方案”等作为跨学科课程的设计要素，并将“分析项目背景”“定位项目目标”“驱动项目内容”作为课程设计的要点。

海绵城市项目是课堂问题“雨后积水导致地表径流与环境破坏”的延续。该课外项目活动选择具有一定学科知识基础及动手能力并且对此项目有极大兴趣的高年级学生，用项目化学习的方式探索知识，合理使用数字化实验探究，制作海绵屋顶来解决问题，从而达到课内外教育的有机融合。

（二）教学资源的整合利用

1. 人员支持。海绵城市采用跨学科的项目化学习课程模式。社团尝试配备自然学科与劳技学科双教师指导，便于学生完成跨学科难题。校外聘请专家进行专题讲座，同时邀请从事工程研究的家长作为志愿者，更专业地帮助学生解决有关工程建筑方面的难题，以拉近学校、家庭、社会三方距离。

2. 场地资源。为开展研究课程专设创新实验室。走入社区，以学校附近的海绵社区为主要切入点，方便进行实验探究。电子资料查阅给学生提供信息获取的便利。参观上海临港海绵城市展示中心，以及其他城市规划博物馆，打开学生格局，给予更多项目探索灵感。

二、基于多学科角度的课程设计

（一）多学科视角发现问题，分析项目背景

“海绵城市”项目背景来源于自然、劳技、美术、信息、语文等多学科视角下对生活问题的挖掘。海绵城市成立初期探索的“雨后积水”问题，属于多学科综合性问题，适合合作研究。教研组对此开展研讨，决定设立主题为“海绵城市”的跨学科项目，以设计未来城市屋顶为切入点，围绕“减少雨水进入地下排水系统”问题的解决，设计具有雨水收集、过滤储存、再利用功能的绿色屋顶，使学生对城市建设工程、生态系统、资源利用等问题有所认识，增强环保意识，有效提升学生动手能力、设计思维能力、合作能力、问题解决能力。

跨学科项目无论是知识概念还是探究能力，其要求都是综合性的，容易定位过高，脱离教学实际。项目组从相关学科的角度对“海绵城市”跨学科项目的知识内容与能力要求进行分析，按学科对多学科知识点进行分解呈现(见表 1)。知识点构成了项目的核心概念，主要有系统结构、水污染过滤、材料与技术等。关键能力涉及动手能力、问题解决、团队协作、数据收集分析、设计思维等。聚焦核心概念的了解、关键能力的迁移，进行知识的再构建，应用到生活中的情境中，构成了项目设计思路，指引着项目目标的设计。

（二）基于目标导向，设计驱动问题

跨学科项目以学生为主体，时间跨度长、内容跨度大，在项目目标导向的前提下，需要设计问题驱动项目的推进，不仅是引导学生持续探索的增强剂，更是对项目的一种补充说明，为项目研究不断提供有意义的指引。来源于生活的驱动性问题能快速引起共情，更易培养学生的高阶思维，为项目的发展打下基础。为此，确定“海绵城市”项目的核心问题：如何建造缓解城市地表径流以及过滤污水的屋顶；从系统角度思考驱动性问题：如何处理城市化进程与地球水体污染的关系以及建造环境友好型的城市化社区；引导学生在研究过程中思考：如何在暴雨天解决排水系统负荷

问题以及如何减轻地表径流。

表 1 “海绵城市”项目涉及学科相关知识点

学科	对应知识点	对应项目内容
自然	地表径流、结构、材料、过滤、植物生长的条件与特征； 城市水体污染的情况； 传统屋顶设计的功能需求； 具有雨水导流、储存功能的屋顶结构特点； 雨水过滤的方式； 根据材料的不同特点，设计制作具有雨水收集屋顶及绿色屋顶的未来社区房屋	海绵社区实地考察地表径流； 辩论赛； 屋顶设计图； 屋顶制作； 过滤实验与屋顶制作
劳动技术	沙盘模型制作的方法与技巧，能够制作完整的沙盘模型	屋顶制作
	各种常用加工工具的使用	—
信息与技术	信息检索、收集的方式与途径，能够快速辨别有效信息	资料收集与交流
美术	用创新的手法进行模型的美化，形成完整且美观的未来城市沙盘模型	屋顶设计图与制作
语文	设计调研方法及调查研究的方法； 描述研究过程以及分享最终的研究成果	调查报告； 汇报与演讲

三、关注生活应用的项目实施

完成跨学科项目的设计后，面临项目的实施。学生从理论知识学习到设计制作屋顶，经历了海绵社区调研、雨水径流辩论赛、过滤装置设计实验与改进等探究活动，以小组为单位从身边熟悉的商场、博物馆、体育馆中选择对应的屋顶进行设计，改造成海绵社区的屋顶，并进行模型展示。

通过分析归纳项目实施方案和实际实施情况，经历理论知识学习、实地调研考察、设计实验论证、模型结构设计、成品制作与展示等诸多方面，项目组获得了项目实施的三个方面的启示。

（一）理论知识走入生活，加强实际应用

小学高年级学生对于“海绵城市”这个大概念还是比较陌生的，相关学科的知识非常需要。面对需求与困惑，学生通过自主学习，明白了“文字上”的知识，但未深入理解概念。在此情况下，必须从理论走入生活，加强实际应用。学生们化身宣传

员,向身边人讲解什么是“海绵城市”,并在下雨天有意识地观察雨水积水导致的地表径流现象。为了搞清楚细节,学生们开设了城市与乡村地表径流的辩论赛,讨论城市还是乡村更容易地表径流。在激烈地争辩中,所学的知识也慢慢被吸收。

(二) 探究实践检验设想,应用回归生活

实践联系理论,将设想进行实验与检验,增添项目研究乐趣。来到学生模拟的海绵社区,就透水停车位、旱溪、透水地坪以及线性排水沟等海绵化改造项目进行比较实验。通过看、摸、浇水等动作,学生们发现铺有透水地砖的部分吸水速度快,且透水地砖摸上去比一般地面软,其材料和结构也与普通地面不同。放大观察到透水砖由许多小石头组成。这在学生心中种下了疑问的种子。回到学校后,通过调查研究,学生设计了净水装置。在选择不同材料以及多次调整其位置后找到了过滤水的答案。这样持续的探究实践,给学生们更多的经验与灵感,为后期屋顶排水结构的设计打下扎实的基础。

(三) 沙盘模型模拟应用,探讨生活价值

通过调查与研究,学生们都有了自己的想法,并将各种奇思妙想体现在最后的沙盘模型中。以小组为单位,各自承包一部分内容,每个部分之间都有着密切关联,这需要学生们的交流以及团队协作能力。制作海绵屋顶沙盘模型的过程虽然看上去不复杂,较侧重于制作,但整个过程却是一个综合性挑战。学生在设计屋顶时,前期大量的数据与多方面的经验在大脑中同时浮现,迸发出各种可能,让学生在制作时有据可依、有理可循。双层式结构设计使旁观者更能看清排水、蓄水、滤水的构造,在欣赏屋顶时品鉴屋顶的功用。在讲解设计理念时,学生们多次强调各屋顶的功能与作用,希望海绵屋顶能投入使用,让设计变为未来发展的力量。

跨学科项目的实施是难度较高的系统工程,离不开精心的设计与定位以及运用各种资源和技术支撑与解决实际问题。确保学生思维的流畅性,是项目化学习能否成功的关键。如何确保思维和探索的流程,第一要有结构化的设计,第二要有学情分析,第三要细化流程。而在实施过程中,这三点的设计存在一些遗憾。有遗憾也有收获,通过项目化的学习,学生在提出问题和解决问题的过程中不断更新认知结构,巩固学科关键知识点。多学科协同作战,增强了学科与学科的关系,让学生知道学科并不是独立的,知识的运用也并不局限于一门学科,各学科相互关联才能更好地解决问题、方便生活。

电钢琴现代电子功能在活动课程中充分运用探究

上海市静安区青少年活动中心　王旖旎

作为教育工作者,如何在教育教学中用好电子琴的现代电子功能,发挥其现代化、科学性的作用,对提高教育教学质量是非常重要的。

一、现状与问题

校外教育作为基础教育的重要组成部分,承载着提升学生核心素养,培养德智体美劳全面发展的社会主义建设者和接班人的重任。笔者结合自身的专业,以及多年电钢琴教育教学的实践经验,围绕如何在活动课程中充分运用电钢琴的现代电子功能展开探究,旨在充分发挥其现代电子功能的优势和作用,提升学生自主探究能力、合作能力、创新能力和审美情操等。

笔者通过文献的检索,了解到国内的电钢琴教学,大部分关注以下几个研究方向:电钢琴集体教学的优势、电钢琴与钢琴对比研究、单纯的电钢琴功能性研究、电钢琴即兴伴奏的教学研究,较少就电钢琴所拥有的现代电子技术在电钢琴活动课程中有效运用的研究和探究。在上海市校外钢琴中心教研组的学习和交流中,笔者得知目前电钢琴的教学因其与钢琴的关联性,大部分仍以钢琴教学的方式展开。

随着日积月累的教学、学生技能技巧的提升,笔者在往日的电钢琴活动课程中发现,如果依照传统的教学模式会碰到以下几个问题:流动大,不能满足学生长期学习的需求;学生对电钢琴界面上的功能很感兴趣,但不知道如何运用、弹奏;枯燥的技能技巧练习,降低学生对电钢琴学习的兴趣。

二、优势与对策

随着现代化乐器技术的不断发展,电声乐器已经成为乐器向跨越性技术发展的必然趋势。电钢琴就是现代电子技术与艺术相结合的产物,所拥有的现代电子功能,可以给音乐艺术教育、(电)钢琴教育教学带来一定的优势。

(一)电钢琴的代表性优势

1. 自动伴奏:该功能可以根据旋律的拍子、风格,为独奏配上适合的器乐伴奏。

2. 节拍器:该功能可以根据弹奏者的需要调动速度的快慢,帮助弹奏者稳定节奏。

3. 和弦自动伴奏:该功能只需弹动一个音符,就能触发整个和弦的演奏,对于不熟悉和弦功能的学生有很大的帮助。

4. 拥有丰富的音色:电钢琴完全采用了数码技术,它的音源是直接通过乐器或自然界声响采样的方式制作的,其中的钢琴音色是采自世界顶级钢琴的音色,发出的声音几乎达到以假乱真的地步。除此之外,活动中心所配备的电钢琴还有民族乐器、西洋乐器、打击乐器等多种音色,增添了学生对音色的选择性和娱乐性。

5. 拥有耳机接口:该功能有利于电钢琴集体课程的开展,学生只需要插上耳机,就可以不受他人干扰练习弹奏。

电钢琴拥有多种现代电子技术,但需要巧妙地运用于电钢琴活动课程的教育教学中,才能发挥其作用。

(二)如何结合电钢琴自身的优势

1. 分析电钢琴的多种现代电子功能,根据不同的功能,做相应的运用。功能的运用不生搬硬套,以学生为主体,帮助学生运用电钢琴的功能解决学习中的问题,提升学习效果。

2. 精心设计电钢琴活动课程的教学设计。可以运用电钢琴自带的多种音色设计音乐游戏,在活动课程中增添探索音色的环节,鼓励学生根据音乐作品的背景、情绪等,尝试选择合适的音色来演绎音乐作品,得到出其不意的效果。

三、方法与实施

电钢琴活动课程中对现代电子功能地有效运用，除了自身的优势外，还需要结合现状与问题，完善课程活动的设计方案，在每一次活动课程的方案中，设定明确的教学目标和重点难点。因此，笔者在教育教学中不断反思、调整教学方案与实施策略，努力完善电钢琴活动课程的教学方法，具体如下：

（一）设计音乐游戏，提升“兴趣与感受”

在电钢琴的活动课程中，由于缺乏对音乐作品背景的理解，学生无法深入感受音乐作品所蕴含的情感色彩，只是单一地练习乐曲的技能技巧，追求能把乐曲弹奏熟练、节奏弹奏正确，久而久之，降低了学生对弹奏电钢琴的兴趣。笔者在以往电钢琴的教育教学中发现，结合国际上优秀的奥尔夫音乐、达尔克罗兹等教学法，为学生设计围绕音乐作品背景的音乐游戏、创设情境，可以提升学生的兴趣与感受。

（二）使用节拍器，增强“掌握和理解”

速度是决定音乐风格最为重要的因素之一。稍微慢一点或稍微快一点的演奏会使音乐作品有很不同的感觉，电钢琴中的节拍器功能能帮助学生稳定速度和节奏。有的乐曲只有一种拍子，而有的乐曲会出现多种拍子的交替，这对学生来说是一大难点和挑战。仅理论讲解会相对抽象，使学生较难理解，所以笔者在电钢琴活动中会使用节拍器功能。弹奏和节拍器相互配合使用，能让学生在实际弹奏中理解速度和节奏。

（三）巧用自动伴奏，丰富“体验与领会”

电钢琴具有自动伴奏的功能，该功能提升了学生演奏乐曲的趣味性。同样一首乐曲，所选用的自动伴奏不同，呈现的听觉感受也大不相同，大大增添了学习电钢琴的乐趣。但在选用自动伴奏时，需要注意与旋律节奏以及乐曲风格的对应，笔者根据多年的执教经验作了相应的总结。

1. 对新授乐曲，用哼唱方式感受旋律韵味，选择适合乐曲风格的自动伴奏。
2. 根据乐曲的拍号选择对应的自动伴奏，但还需要考虑伴奏的音型。
3. 可以根据乐曲中标题术语来选择，例如“进行曲”“波尔卡”等，根据不同的乐曲风格选择对应的自动伴奏。

学生在为乐曲旋律搭配适合的自动伴奏过程中获得了最为直接的听觉体验，感受到不同伴奏和旋律之间融合在一起的不同感受，从理论到实践，切实领会乐曲中旋律与伴奏之间完美融合的奇妙之处。

（四）导赏和探索音色，达成“内化与行动”

随着时代的发展，教育的变革，校外教育也同样经历着转型和变革，校外教育更需要关注学生的创新能力和综合素养，并将跨学科教学理念融于校外教育的教育教学中。因此，就电钢琴活动课程而言，笔者将对不同音色的探究，作为电钢琴活动课程的重要目标之一，通过电钢琴的学习，延伸和扩展对其他乐器的了解。在课程中，电钢琴音色的探究分为两部分：导赏和探索。

1. 导赏音色，了解不同音色的特点。中心配备的电钢琴拥有多样的音色，主要分为西洋乐器、民族乐器、打击乐器、电声乐器。试想如果将电钢琴的这些音色巧妙的使用于演奏中，是否会有出其不意的效果，或者构成一支特色乐队，用电钢琴模仿不同乐器的声音，共同演绎音乐作品。笔者觉得这也许是可以实现的目标，但需要做好不同音色的导赏，使学生了解不同音色的特点。这里的导赏是指引导学生对音色的欣赏和赏析，笔者通过介绍乐器的特点、倾听其声音、欣赏该乐器具有代表性的音乐作品等方式，帮助学生了解每一种乐器的声音和特点。

2. 探索音色，深入感受不同音色的魅力。在学生对不同音色有了初步了解的基础上，需要进一步引导学生对电钢琴不同的音色进行探索，并进行自主探究型学习，其中会对电钢琴音色进行不同乐器的模拟。笔者结合专业知识和教学的积累，做以下列举和总结。

(1) 模仿弦乐器 。对于“连弓”的处理，模仿 strings(弦乐群)、Violin(小提琴独奏)触键通常会使用连音演奏法，使之产生一种连贯的感觉，这样可以奏出弦乐器优美的倾诉，达到如诗如画的效果。

(2) 模仿吹奏乐器。吹奏乐器演奏时要注意不能从键盘的最低音到最高音无限制的弹奏，各种管乐器的音域都有一定的限度，要注意模仿乐器的音域范围；对于音头的处理，因音头力度大小决定音色的强弱，要想运用电子琴的键盘发出清晰、干净、有力的音色，必须要在触键的一刹那，用指力集中的断奏方式来表现。

(3) 模仿弹拨乐器。在演奏琵琶的基本音色时，可以使用电钢琴滑音和滑音轮功能来演奏滑音的效果，如划奏效果，包括向上、向下一度的滑音，向上、向下八度的划奏，还可以通过滑音轮模仿琵琶的半音阶滑音扫弦。

如何用思维导图解决钢琴练习中的问题

上海市普陀区青少年教育活动中心　章　莺

笔者在多年的钢琴教学中发现，有些学生虽然每周都有固定的练琴时间，但对于前一节课老师提出的问题却没有很明显的改进，练习效果不尽如人意。究其原因，这些孩子缺少的是解决问题的思维方式以及方法。他们通常对练琴没有明确的目标和较强的执行力，以至于练习成效微乎其微。因此，我认为作为一名钢琴教师在培养孩子们演奏技能以及音乐审美的同时，还应教会他们怎样更高效的练琴。用思维导图解决练习中的问题就是有效的方法之一。

思维导图起源于英国，至今已经成为全世界受欢迎的效率工具之一。它是一种把思维过程直观化、图形化的工具。把思维导图运用到我们日常练琴中，会使练习效果事半功倍。那么，我们应该如何用思维导图解决钢琴练习中的问题，从而提高练习效率和质量呢？

一、明确问题

明确练习时需要解决的问题，可以通过以下几个途径：

第一，上课时老师会提出演奏中需要改进的地方，这是学生在未来一周练习的重点。因此，较高的课堂专注度是明确练习中问题的首要条件。此外，上课时也应养成记笔记的好习惯。笔者在教学中发现，在钢琴课堂上有记笔记习惯的学生占少数。其实钢琴与学科类科目的学习方法无异，若学生能养成记笔记的好习惯，及时记录下老师在课堂上说的重点难点，不仅能让学生在课后练习中有很明确的目标，提高练习质量，更能让孩子养成良好的学习习惯。此外，课后及时对老师所指出的重点难点进行回顾，整理课堂笔记并明确下周需要解决的问题和方法也是必不可少的一环。

第二，在练习时遇到的问题，也应及时找出需要解决问题的具体小节，并记录下来。例如，练习新曲目时在某些小节总是不熟练，这时就应该停一停、找一找、想一想。“停”是暂时停止没有效率的练习，“找”是找一找不熟练的具体小节甚至哪几个音，“想”是确定需要解决的问题。

二、弄清问题的原因

明确问题后，需要分析这些问题产生的原因，才能“对症下药”从而解决问题。在钢琴演奏中最常见的问题有指法、节奏和音高的错误，熟练度不够，触键方式不准确，音乐表现力不足等。学生可以通过课堂笔记、咨询老师、查询网络优质资源等方式找原因。科技愈来愈发达，学生可以借助便捷的通信手段，通过录制视频或语音等方式咨询老师学习上的问题，相信每一位老师都会为好学多问的学生倾囊而出的。

三、制定解决问题的方案

弄清原因后，接下来便是针对每个问题的现状提出解决方案了。

(一) 设定目标

设定一个“金字塔”形的目标。“金字塔”顶端为最终目标，往下分出层次，层层递进，分步实现上级目标，最终实现大目标。为了保证目标的达成，设定的目标必须遵循以下五点原则：

1. 具体。目标必须是明确和具体的，而且是马上可以直接执行的。

2. 可衡量。明确这个目标要做多久、做到什么程度，只有心中有数的行动才会让学生更愿意去做。

3. 可实现。设定能做得到且具有一定挑战性的目标，避免设立过于理想化或过低的目标，最好是那种能稍微“跳一跳”就“够得着”的目标。

4. 以成果为导向。目标要以最终的成果为导向，这是制定目标的核心。有了结果导向，再对如何达成这样的结果进行有效的分解和分析，就能使目标的达成更加有效。

5. 有时间限制。也明确需要多少时间完成目标以及达成目标到什么程度。

只有具备了以上五点要素，我们制定的目标才是有效的目标。通过有效的目标，我们才能做到分解和执行，从而解决钢琴练习中的问题。例如，在一周内把车尔尼 849 第 12 条的第一段加速到半拍 100 的速度，就是一个具体的、以成果为导向、有时间限制、可实现的有效目标。

（二）决定对策

1. 针对每个目标的达成，必须明确解决问题的方法。就拿指法的错误来说，首先，要知道哪个音的指法有误；其次，明确正确的指法是什么；最后，进行反复练习并在练习中不断检验。又如，柴可夫斯基《六月——船歌》A 段的右手旋律部分，学生应知道正确演奏方法是用指腹演奏且在贴键演奏的同时触键要慢。明确问题的解决方法是解决问题的前提，也是必不可少的环节。

2. 制订详细的计划表。第一步，列出需要达成的所有目标，可以按照不同的练习曲目罗列目标。例如，练习的曲目有哈农、音阶琶音、练习曲、复调作品、乐曲五首，则要清晰地列出这五首曲子分别要达成哪些目标。第二步，主次要明确。可以列出每首曲子本周主要要达成的目标，重点不可过多，一至两个侧重点即可。太多的重点反而会让人无从下手，增加心理压力。第三步，制订达成每个目标所需时间表，可以以天为单位，清晰列出针对不同目标每天需要完成的具体时间以及效果。计划表建议以周为单位，先算出每周钢琴练习总时长和完成每个目标所需要的时间，利用逆向推导法，再分配到每一天中去。

（三）执行计划

执行计划时要注意以下几点：

1. 有监督机制。对于年龄较小的学生可请家长负责监督。在练习时，学生可借助计时器等工具，按照计划表中的顺序依次完成。由于每个年龄段的孩子专注力时长不同，因此建议练习时间可以划分为若干片段，片段之间可稍作休息，劳逸结合可以提高练习效率。

2. 做好记录。每天及时记录完成情况，做好进度的掌控。若在实际执行中遇到问题还可以及时调整和改善，确保目标的达成。

3. 适时奖励。适时给予自己一定的奖励，肯定自己的努力成果。可以和父母商议约定，若完成每天的小目标和每周的大目标将会得到什么奖励，以此来激励自己按时完成计划。例如，完成每天的计划积攒一颗星，积攒到 20 颗星可以出去大餐一顿等。

4. 及时总结。对每个周期的计划表执行情况进行复盘。这一过程是解决问题中不可缺少的一环,通过客观有效的总结才能形成良好的闭环。它是自我提升很重要的步骤,及时的总结能避免我们犯同样的错误,还能提升解决问题的能力。

(四) 有效总结

1. 学生要回顾一个周期内计划的完成率,记录下未完成项目,并在每项后面写明未能完成的具体原因。例如,是时间安排不当,或是没有找对正确的解决方法等。

2. 检验解决问题的效果。可由老师根据课堂的演奏做出评定,学生若是对问题的原因和解决方法还有疑问应当即在课堂上请教老师,并做好详细记录。

3. 改善。针对练习的效果,提出整改措施。对于好的经验要继续保持,针对存在的问题提出改进的措施和解决的方法。

俗话说"授人以鱼不如授人以渔",用思维导图解决钢琴练习中的问题能帮助学生更全面地分析问题的原因,帮助他们进行深刻的思考和剖析,从而找到解决问题的有效方法。作为钢琴教师,我也希望在教会孩子们钢琴演奏的同时,培养他们优秀的思维方式,相信这样的思维方式和学习能力也将有助于他们一生的学习。

校外摄影课程中运用项目化模式进行混龄教学的实践探索

——以“伦布朗布光法拍摄人像”单元为例

上海市虹口区青少年活动中心　刘潇凌

校外教育学生流动性大的特点，使得学生之间存在很大差异，学生在校外活动中水平参差不齐，参加活动的兴趣点各不相同，学生参与校外活动的目的也不尽相同，甚至还会出现中途“转出”和中途“插入”等情况，使得同一班级内出现混龄同班学习的情况。根据不同年龄学生的需求和特点在同一班中实施适合他们的任务，成为校外教师设计教学活动的关键所在。

一、校外混龄教学活动设计的原则

在混龄活动的设计中要体现分工合作。要让不同年龄的学生能够一起探讨、共同进步，要让每个年龄段的学生都参与到活动中，为达成活动最终目标奉献他们力所能及的力量。在校外混龄活动实施过程中，可以建议学生采取“3＋2”小组合作模式，即三位大龄学生与两位低龄学生组成一组，引导大龄学生协助、监督和管理团队中的低龄学生。在活动过程中教师除了对整个小组活动成果进行评价外，还需要组织组内大龄学生与低龄学生进行互相评价，建议大龄学生反思团队管理、项目策划层面的收获与体会，同时征询低龄学生项目执行过程中的意见建议和操作过程中的情感收获。

在混龄活动的评价设计中要重点体现品质素养层面的评价。一般来说在小组活动中高年级学生需要帮助低年级学生，从而自身创作、操作、探究等时间受到一定的损失，在对大龄学生评价中不应以体现鉴别和选拔的维度为主，更多应以实现督促、激励和抑制功能的“是否能在项目推进困难时提出有效建议”“是否敢于对项目不够理想的结果承担责任”“是否能克制内心速成的愿望有耐心回答低龄学生有质量的知识技能问题”等。

二、校外混龄教学适用项目化学习模式

项目化学习模式具有实践性、自主性、发展性、综合性、开放性等特点。该教学模式符合校外混龄教学中学生主体性原则,能够实现不同年龄学生在同一学习空间中的主体地位,让学生有更多机会自主学习,并通过自主探究、合作分析、解决问题,故而培养学生的分析解决能力、自主学习能力、合作能力及创新能力。

在混龄班中,项目化学习需要一个团队不同年龄段的学生共同实施一个完整的项目学习活动,具有很强的“学习行为导向”作用,在实施过程中需要教师提前根据实际学情制订项目计划,在校外活动中的项目化学习,一般需要经历明确项目任务(教师提出,学生执行)、制订项目计划(教师引导,学生制订)、实施项目计划(学生按要求及计划实施)、检查评估(学生自评、互评,教师评价)、归档或应用(记录学习内容、提炼相关知识点)、应用实践(对理论知识进行实践应用)六个步骤。

三、项目化学习在校外混龄班摄影学科单元设计中应用

学科核心素养是学科知识与技能、情感态度与价值观等多方面的综合体现,学科核心素养的形象不能停留在碎片化知识与技能的积累上。在摄影教学活动中进行项目化学习设计,能在真实情境中解决问题,有利于摄影知识的整合、能力的重构,基于项目化学习的校外摄影单元设计立足不同年龄段的不同成长需求,从学生真实的拍摄需求出发,参照上海市校外教育影像创作项目课程指南及具体学情,围绕主题进行单元内容与资源整合、单元学习任务与计划建构,有效促进学生影像意识与文化理解、影像实践与技艺运用、影像创意与视觉表达、影像传播与责任担当八大摄影课程核心素养的提升。

“伦布朗布光法拍摄人像”单元通过“探究式”项目化学习方式,逐步形成学习主题,在实践中认识各种光源辅助设备(包括灯具、反光板、遮光罩),通过研讨与分析,掌握各种常见基础人造光拍摄人像的布光方法,感受各种灯光辅助设备的特性,能创新利用灯具通过光的“软硬”和方向达成需要表达的人像效果。在“探究式”教学中逐步展开认识各类灯具的教学内容,知道各种灯具及辅助设备的特性,掌握各种

灯具及辅助设备所产生的效果，感受光影语言的魅力，培养学习影像的兴趣。

教学目标方面，视觉意识与文化理解层面的主要目标：运用较先进的主流国产品牌灯具，了解国产先进的灯具科技；运用所学灯光布置技术拍摄一个人像专题，能从政治性、文化性、艺术性的角度进行作品的自评及互评；通过不同光源、不同光效的变化，表现情感；通过对光影效果的视觉感知与艺术表现，理解不同文化语境中影像艺术的文化内涵。影像实践与创意表达层面的目标：通过认识各种光线所呈现的影像效果，掌握各种灯具在不同方位所特有的表现效果；通过辅助设备对光的补充或柔化，理解光线在影像创作中的无限可能性；通过不同光线（灯具）位置的拍摄实践，逐步发掘各种光位的具体特点，寻找不同光位最适合表现的内容，进而培养运用不同光线表达最合适对象的影像思维；能在作品创作的全过程中运用光对人物内心进行刻画，创作出构思巧妙的作品，做到扬长避短，精益求精，争取将不同光线（灯具）的优点发挥到极致。影像传播与责任担当层面的目标：在布光实践的过程中，逐渐产生独立的布光思想；在拍摄的过程中，能接受同学多元的、与自己不同的但是富有创意的布光创意；善于发现及分享生活中新颖的、视觉冲击力强的、有价值的光影画面；能欣赏中国摄影金像奖中优秀的具有光影魅力的获奖作品；勇于主动承担国家级优秀作品的解说推广工作。

评价设计主要对不同年龄段学生在实践过程中所承担的职责进行过程性评价，围绕本单元核心素养完成度开展综合性评价，主要考核低龄学生会使用主流国产品牌灯具，考核他们能否说出各种灯具在不同方位特有的表现效果；考核大龄学生能否运用所学灯光布置技术设计一个人像专题方案。不同年龄段的学生能从自己的认知水平出发，从政治性、文化性、艺术性的角度进行作品的自评及互评，能积极寻找不同光位最适合表现的内容，运用不同光线表达最合适对象的影像思维，能在作品创作的全过程中运用光对人物内心进行刻画，创作出构思巧妙的作品，能赏析中国摄影金像奖中优秀的具有光影魅力的获奖作品。

因校外摄影教学活动的开放性和包容性，混龄教学在校外摄影教育中很常见，教师在选择教学方法时需充分注重不同年龄段学生的认知特点，在设计项目内容时注重情感目标达成度的考量，根据班级中学生年龄差距作适当调整，结合校外摄影教学实践操作性强、主观创意性强的特点形成多元的评价方式，在掌握摄影知识与技能的同时，运用丰富的教学引导手段，激发学生对摄影创作项目管理的学习兴趣。

乐曲编配在学生弹拨乐队中的应用初探

上海市杨浦区少年宫　陈密佳

近年来，随着“双减”政策的落地与校园美育工作的深入与加强，民乐教育迎来了蓬勃发展的大好形势。与此同时，学校在开展民乐教育活动中，也遇到了乐队形式同质化、民乐作品成人化、演奏要求职业化等问题。

目前中国各类弹拨乐器发展态势良好，但为其量身定做的作品却不足以应付广大学生的需要。经研读视奏，现今出版的弹拨乐合奏曲目大多偏向专业程度的演奏者，对于年龄较小、能力较弱的演奏者来说，仍然缺少适合他们合奏的乐曲，在一定程度上阻碍了弹拨乐队的发展。目前乐队教师除了关注和运用已有作品外，亟须通过音乐创作编配贴合各自团队的教学需要，但当前中小学音乐教师的创编能力普遍较为薄弱，让其独立为乐队创作难免强人所难。而编配是指将不同乐器、音色加以合理编排，它可以将已有的乐曲进行移植和配器，比“从无到有”的全新创作更容易入手。

笔者熟悉民族弹拨乐器演奏，掌握乐曲编配方法，在指导课外校外民乐教育活动中，把文化底蕴深厚、音色技法丰富、训练容易见效的弹拨乐队形式与新编弹拨乐作品推荐给学校，受到了各校的青睐。笔者通过开展校园美育活动，积累了一批适合学点的新编作品，有效推动了学生弹拨乐队的发展。本文简要梳理了弹拨乐作品的编配方法，为乐队教师的编配实践提供借鉴，助推学生团队的成长与发展。

一、弹拨乐队中作品编配的实践操作

学生弹拨乐队编制通常由琵琶、柳琴、扬琴、阮、古筝等中国传统弹拨乐器所组成，在编配中的运用可通过以下几方面进行实践。

（一）作品取材

对于编配作品的取材可以从乐队的实际情况和需要出发，一般可以从以下音乐体裁进行选择:器乐作品、合唱作品、钢琴曲、歌曲。作品题材的选择宜从学生年龄特点、认知水平和感悟能力出发,使学生在演奏中能体验作品情感、增强文化自信、提高审美情趣。

(二) 确定调性

确定编配的作品方向后,首先需要看乐曲的调是否合适本乐队演奏。一般而言,初级阶段学习民族弹拨乐器的学生能较熟练地掌握 D 调、G 调,中级阶段学生能进一步演奏 C 调、F 调、B 调,若改编作品的调不适合学生演奏需先进行移调,移调的过程中还要考虑各类弹拨乐器的定弦、音域、演奏法才能更好地进行编配。

(三) 声部分配

根据乐器定弦、音域以及音色特点,可先将整体乐队的乐器音区进行简单的划分,以便合理地使用乐器。弹拨乐器总体来说音域宽广,但每样乐器有其最优的音区以及表现特点,具体见图 1。

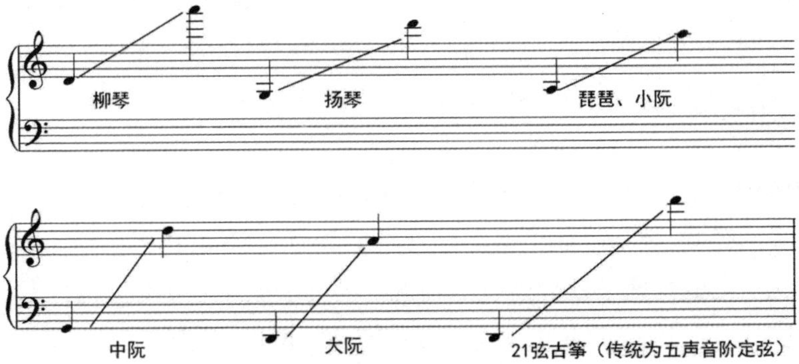

图 1　弹拨乐器在乐队中的常用音域

由此可见,高音区的旋律可由柳琴、琵琶、扬琴、小阮担任;中音区大多数弹拨乐器都涵盖,可根据音色需要选择乐器;低音区可由中阮、大阮担任。古筝虽音域宽广,但在乐队中变调需移码较为不便,可多利用古筝低音区来加固乐队低音。

熟悉各乐器的音区后,将编配对象进行声部的分配,要精准把握原谱中的三个重要元素:旋律、和声织体、低音,将它们分别移植到相对应合适音区的弹拨乐器上,平衡好高、中、低音,如此就可形成一个初步的弹拨乐合奏了。

(四) 音色运用

弹拨乐器种类繁多、技法丰富、音色各异,若编配的过程只有机械移植没有音色的考虑和安排,难免出现乐队音响杂乱无章的情况。编配可以从音乐需要出发,运用单一音色(同一种乐器音色)和混合音色(两种以上乐器音色混合)两种方法进行旋律音色的配器,应多利用该乐器中表现力较好的音区进行组合。

单一音色:柳琴、琵琶、中阮、扬琴等;

混合音色(同度结合):柳琴+琵琶、柳琴+扬琴、琵琶+中阮、扬琴+中阮等;

混合音色(八度结合):琵琶/中阮 8　柳琴/琵琶 8　柳琴/中阮 8　扬琴/古筝 8　等。

(五)技巧应用

每一件弹拨乐器都有其独特的演奏技巧且自成体系,编配时需要在如此多的个性乐器中找到共性,扬长避短。弹拨乐器的发音基本以点状音为主,节奏感强;在演奏活泼跳跃的乐曲时,可多利用乐器的空弦音加强余音和跳跃感;在演奏长线条的旋律时,运用轮指和弹挑结合的综合指法能更好地表达歌唱性的旋律。其他富有个性的演奏技巧需要我们潜心研究每件弹拨乐器的演奏法,但运用技巧要在学生有能力掌握音准、节奏的情况下,目的是为乐队整体取得良好效果。

(六)灵活优化

乐曲编配的成果是在乐队实践中得以呈现的。通过实际演奏,乐谱上的音符转化为真实的音响,教师就能根据实际视听效果优化编配方法。例如,在乐队学生能力较浅无法完成快速十六分音符的情况下,可适当简化节奏为确保整齐;对于古筝声部,频繁的按音学生掌握起来效果并不理想,可以根据和声将音高进行改写调整,稳定音准。在乐队中也常会遇到学生能力不均衡的情况,可由能力较强的声部替代或加强能力较弱的旋律声部,但要注意替代声部的音区需与原声部尽量保持一致,以免失去音响平衡。诸如此类的改动,需在乐队排练过程中逐一调整、积累经验,在演奏中不断转换优化。

二、弹拨乐队中开展作品编配的成效

(一)依托《上海市校外教育项目课程指南》,促进学生团队成长

《上海市校外教育项目课程指南》的发布标志着规范化建设课外校外教育课程开启了新征程。近年来,我针对杨浦区少年宫、杨浦区民乐联盟学校、上海学生民乐

联盟单位中的弹拨乐队编配排练指挥了多首作品。编配过程中紧紧围绕课程指南中民乐项目核心素养与课程目标，规划好不同学段、不同程度乐团适合的演奏曲目，做好音乐技能与知识的梯度衔接，将民乐传承和创新相融合，逐渐形成一批适合学生演奏、表达学生情感的作品，均获得良好的艺术效果，并在全国、市、区各项民乐赛事中屡次获奖，受到社会各界的赞誉。通过演奏新编配的乐曲，学生团队迅速成长，起到了开阔音乐视野、提高审美情趣、扎实专业技能的良好成效，培育了学生感受美、践行美、创造美的能力与素养，使学生获得有益于终身发展的品格和能力。

（二）凝心聚力，传播民乐正能量

民乐是以美育人的重要载体，优秀的文艺创作能凝聚民族力量，引领学生树立正确的历史观、国家观，成为新时代立德树人的重要抓手。在新中国成立70周年之际，我特地选取了《打起手鼓唱起歌》《在希望的田野上》《映山红》等经典爱国歌曲将其编配为弹拨乐合奏，学生在演奏乐曲中不仅得到技术上的提升，更得到民族精神的浸润，增强对祖国优秀文化的认同感。2020年正值全球疫情爆发迅猛的严峻时刻，我重新编配的作品《让世界充满爱》由上海市校外教育民乐中心教研组教师与民乐团学生共同演奏，于上海市人民政府侨务办公室主办的“民乐侨艺”中华民乐鉴赏会中与海外华侨直播连线演绎乐曲，美妙的音乐让众多海外华人华侨感受到祖国的关心和问候，发挥了民乐编配作品凝心聚力、鼓舞人心的社会正能量。

（三）探索实践，提升教师专业发展

在“十四五”美育发展与“双减”背景下，新时代课外校外民乐教师的专业综合素养提升刻不容缓。在针对市、区级民乐指导教师开展研讨培训工作的过程中，我们发现民乐的编配与实践能有效促进教师进一步夯实音乐理论基础，提高识谱能力、作品分析能力、指挥排练能力，在全面提升乐队指导教师专业综合能力的同时也为提高音乐课堂教学效果、丰富教学手段打下了坚实的基础。有助于广大民乐教师逐渐成为新一代热爱民乐教育的学习型、研究型教师，更好地为培养爱民乐、爱学习、爱祖国的社会主义优秀人才作出应有的贡献。

校外科艺教育助力课后服务模式初探

上海市杨浦区青少年科技站　杜　蘅

继"双减"政策落地之后，各相关部门、学校都在积极响应，为了把学生从繁重的作业负担和校外培训负担中解脱出来，采取了一系列的措施。其中学校提供课后服务就是推动"双减"工作落地见效的一项重要举措。各个学校为了满足学生多样化发展的需求，相继推出各种模式的课后服务。杨浦区青少年科技站科艺创意教研组为了更好地助力中小学课后服务，进行了服务方式和课程类型的实践与探索。

一、意义与价值

伴随着"减负"政策的实施和落实，中小学生有了更多的自由时间。如何利用好这些时间，不仅需要在课后服务中实现基本的看护和保护作用，而且要开展丰富多彩的课后活动，成为学生获得更有意义的教育时空和发展机会。

目前，课后服务活动普遍还存在着一定的缺陷，由于师资力量跟不上，有一些学校的课后服务只能实现基本的看护保障。课后服务活动形式比较单一、活动效果不尽如人意、活动能力相对薄弱。少年宫、少科站作为公益性的校外教育机构，有着自身的资源优势，它是基础教育的重要组成部分。校外教育必须更好地助力课后服务，为学生提供更优质的教育资源，在培养中小学生兴趣爱好、创新精神和实践能力方面发挥积极作用。

二、优势与特点

学校教育是按照教学计划，以班级授课制的方式，面向全体学生，完成课程标准和教材规定的教学任务，特别是义务教育具有一定的统一性、公益性。校外教育长期为学生提供特色化、差异化教育培训,积累了丰富的教育资源,也有着比较优秀的师资力量。如果利用这些优势资源开展课后服务,将会给学生提供更多的选择性路径和机制,以及多元化的兴趣与探索,引导学生发现特长和爱好。

校内、校外教育一直以来都应该是相互补充、相互促进、有机结合的教育整体。学校教育是义务教育,是一种大众化的教育,学校教育规模大、手段单一,很容易忽略学生的个性发展。而校外教育则具有选择性、开放性和综合性等特点,能更好地与校内教育形成互补,最终实现提升课后服务质量的目的。

三、探索与启示

(一)"走出校园"与"走进校园"相结合

学生参加校外科技课程都是利用闲暇、假期时间来少科站进行学习。但课后服务一般都是安排在学校里,为了更好地助力课后服务,我们采取了"走进校园"的形式,根据学校的时间安排、实际情况、发展特色设计课程内容。

当我们的老师走进校园为学生服务的同时,我们也充分利用少科站的场地、设备、器材等优势,为有条件"走出校园"的学生提供课后服务。我们开设了"创智艺术课堂",为青少年提供课后服务的系列艺术创意课程。以培养学生动手实践能力与审美创意为核心,具有高效互动、体验多样、可活页化学习即时反馈的特点。学习体验形式主要为美术与工艺实践制作、科幻与创意绘画讲座、审美与优秀作品赏析、各类现代手工与非遗制作体验等。目前我们推出了科幻与创意画、陶艺工艺彩绘、玩转拓印、创意皮影、彩泥多肉等课程。

由于学生"走出校园"存在家长接送的问题,因此我们开发了活页课程,便于学生单次参与。课程时间安排与学校课后服务同步,课程信息通过公众号提前发布,学生点击预约即可。

(二)依托社团,开展课后服务活动

在我们进入学校开展课后服务的过程中,发现很多学校都是利用兴趣小组或者社团来开展课后服务的。这和我们日常需要引领、协助学校开展社团活动是非常契合的。我们根据社团原有的项目,开发一些特色课程。比如,原有的儿童画社团转型为科幻画社团。科幻画在儿童画的基础上课程的特色与方向更为明确,更容易建立起课程的架构,形成自己的特色。又比如,原有的小手工制作转型为 3D

打印笔创意制作。3D 打印笔是这些年比较流行的一种 DIY 形式,由于它可以制作出立体作品,深受学生们的喜爱。转型之后,可以开发出适合各个年龄段学生的课程。

在社团建设的过程中,我们形成了科艺创意联盟体。联盟体内的社团如果有开展相近的课程与项目的,就组织、联系辅导教师们进行切磋交流、资源共享、共同促进。同时,我们也会促进多学科在教学中的融合。比如,要让 3D 打印笔制作出来的作品呈现更完美的形象,可以加入一些光、电、控制的元素,这就是一个多学科的跨界整合了。平时我们也会提供一些相关的培训,提高学校教师的辅导能力,便于更好地开展社团活动,以及课后服务。

(三) 与研学相结合,开展特色课程

我们在课后服务的过程中还进行了探究性课程的实践与探索。研学课程在初中阶段开展的比较多,授课周期比较长,一般要一个学期或者一个学年。我们以陶瓷工艺为探究点,开展为期一年的研学课程。目前各个学校开展的陶艺课程主要是培养学生掌握成型技术,采用捏塑、拉坯、泥条盘筑等基本成型的工艺指导学生创作作品。我们开发的是利用陶瓷工艺的科学性,符合青少年身心发展规律的,可以推广的陶瓷工艺科创探究性课程,陶瓷工艺课程同时也培养了学生的文献阅读、整理、逻辑以及科学探究的创新思维等能力。

我们在设计这个课程的过程中发现,陶瓷工艺专业性非常强,于是我们找了大学资源,形成了三方合作的模式。这个课程的开发是以杨浦区青少年科技站为引领,大学化学系为指导,中学为基地的三方合作。利用本项目的实施,探索一种高校、青少年科技站和中学合作的青少年综合素质和创新能力培养的联合培养模式。形成特色社团联盟体,共享特色课程,向中小学社团辐射,让素质教育在中小学生减负的大背景下,真正地落到实处,并得到更广阔的拓展和延伸。

四、总结与思考

杨浦区青少年科技站作为校外教育主阵地,积极助力课后服务,努力形成与校内教育相互交融、有益互补的校内外育人共同体,让优质校外教育资源惠及更多青少年。在实施的过程中我们也在不断探索与改进,以下几点反思,可以让课后服务活动更好地开展。

（一）发挥优势，凸显互动

课后服务的主要承担者是学校教师。教师们日常教育教学工作繁重，校内课后服务工作一定程度上属于额外劳动。长此以往，可能导致教师不愿参与校内课后服务工作。如果校内校外教师联动、优势互补，既能减轻校内教师的压力和负担，缓解职业倦怠，还可以更好地确保课后服务工作保质保量地开展。

（二）主动适应，拓展创新

疫情期间我们充分利用网络授课的优势，通过腾讯会议授课，这需要校内外教师的紧密合作，共同完成课程实施。虽然网络授课互动效果有一定的缺陷，但校内外教师合作也是有优势的。由于我们和学生平时接触比较少，管理起来有一定的困难，但是有了学校教师的介入，情况有了较大的改善，也提高了学习效果。

（三）兴趣培养，多方助力

通过调研我们发现报名参加课程的学生，有很多都提到是由于家长对课程感兴趣，所以前来报名参加的。考虑有些课程可以用亲子方式来学习，比如陶艺彩绘、拓印制作等课程。这样可以互相促进、互相督促，更好地助力课后服务。完善课后服务是一项大工程，需要多方共同努力、参与。

校外科艺教育助力课后服务的模式还有很多种，我们也在进一步探索更好的、更合适的方式助力学校课后服务，增强教育服务能力，帮助学生培养兴趣、发挥特长、开阔眼界。这是一项校内与校外的互补增强，1＋1＞2 的举措，值得进一步探索。

“双减”背景下校外教育机构参与学校课后服务的实践思考

上海市闵行区青少年活动中心　杨慧玲

2022年3月上海市教委发布《上海市义务教育课后服务工作指南》助力“双减”，对青少年活动中心等体制内校外教育机构如何体现“校外力量”，参与学校课后服务，提出了亟须思考的课题。

一、明晰：学校课后服务现状及需求

目前学校的课后服务主要由三个时段，即课后作业指导、兴趣社团活动及晚归托管服务组成。通过走访调研区域内中小学后发现，不同学校对于“课后服务”的需求是不同的。

1. 课后服务和课后的学校服务。课后服务的实质是对课后时间和空间的有效利用，提供方不应该只以学校为主。课后服务不应该是“课后的学校服务”，活动中心作为区域校外课外优质教育资源的集聚地，理应主动作为课后服务工作的主体，协调学校、社区、其他校外教育场馆机构等多元社会力量共同参与，积极建构“基于家校社协同的课后服务课程”资源中心，为更多学校提供多元的服务。

2. 作业指导和个性化兴趣社团。通过对学校、家长的相关调研发现，以看护功能、作业辅导功能为主的课后服务已经不是家长的最大需求，学生的个性发展才是目标。然而对学校而言，实现政策文本、文献研究中“理想”的课后服务的全功能，就现有的模式、依靠学校现有的资源还是困难重重的。

二、挑战：校外教育机构的优质供给

笔者所在的校外教育机构在调研的基础上进行了有针对性的课后服务项目的

实施。笔者参与了M2学校关于课后服务的整体设计与推进，并且着力为学校的课后服务课程的开发提供支持。

（一）顶层设计课后服务课程方案

通过了解学校的“十四五”规划，在学校办学理念及“双减”政策落实细化的相关文件政策的指导下形成校本的课后服务课程理念，与学校教师、家委会代表、社会组织等协同共商做好课程方案，将课后服务的课程结构、实施形态及评价管理等做好系统的设计。完成学校课后服务第一项也是最挑战的工程。

1. 课程统整　顶层设计。将学校的课后服务课程纳入学校的整体课程方案中，形成学校的课后架构。让课堂所学与课后所习、所玩能有机的衔接，鼓励学生将课堂所学用于课后、校外的学习和活动中去，提升学习的效能，激发学习的兴趣，对“学习”进行闭环的设计与评价，整体提升课后服务课程的效果。

2. 校本特色　一体化设计。课后服务课程，有着牵一发而动全身的重要作用，课后服务课程提供主体及家庭、学校、社会的一体化行动，使其共同投入整个项目中，以此实现促进个性发展、实现差异辅导、彰显学生主体地位的意图。

（二）协商建立多主体管理组织

笔者所在的活动中心是区教育局直属的校外教育机构，日常的很多工作项目都和学校有密切的合作；作为区域青少年综合素质教育活动重要的组织指导机构，与高校、社会场馆、社会组织、企事业单位的合作也是常态。

1. 筹建课后服务理事会。笔者参与课后服务的学校周边有公园、博物馆等场馆资源，学校的家长志愿者中也有许多优质的资源可以丰富课程资源体系。在构建学校课后服务课程的整体框架时，邀请了学校家委会的代表、相关企业社会责任经理及社区教育志愿者共同商议，为构建课后服务教育共同体奠定了很好的基础。由于课后服务是一个多功能的综合体，为其提供课程资源的教育主体也非常多元。通过大家协商，由活动中心牵头，在学校家委会组织的基础上引入了其他主体，实现学校与其他多主体深度融合，筹建学校课后服务理事会。课后托管服务功能主体由家委会主要负责，个性发展的功能主体由学校的少代会组织，综合素质提升功能主体则由中心及其他主体共同承担。目前初步完成了学校课后服务的整体课程建构，整个服务理事会处于雏形。

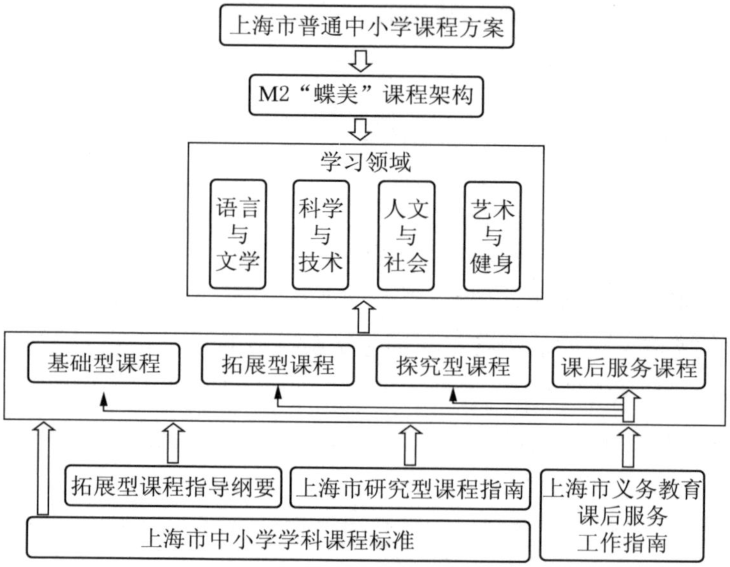

图1　M2学校课程架构(含课后服务)

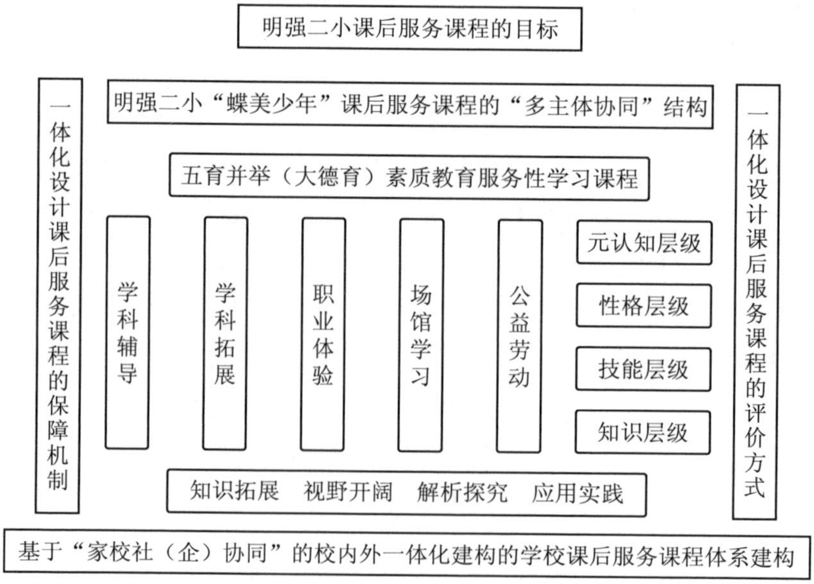

图2　M2学校课后服务课程总图谱

2. 构筑区域课后服务资源中心。笔者深度参与了学校课后服务课程的设计、实施，充分挖掘学校现有的资源。家长志愿者中，有一位世界五百强企业社会责任经理，他不仅是学校课后服务项目的志愿者，更通过自身的专业优势，认同和支持打破学校围墙，进行区域课后服务项目优质资源的共建、共享，最大程度上实现课外校外教育资源均衡。他作为校外辅导员，成为区域课后服务资源中心人力资源大军中的一员。学校资源和区域资源整体建构，为更多学校、家长和学生带去优质的课后服务，也为实现校外教育机构"枢纽"地位，创新区域课后服务的新路径而努力。

3. 信息化赋能多主体协同。在课后服务项目中，多主体协同效果的优质与否就愈加值得关注。我们需要改变以往以专业师资能力开设课程的单一思路，从学生的需求出发，为学生搭建各种学习资源，支持学生参与这些资源的"自我学习、自主探究"。区校共建"小程序"，实现课后服务课程实施机制、管理机制、保障机制、评价机制等方面协同合作，同向而行。

三、展望:未来课后服务的几点思考

不断优化和创新课后服务项目的参与方式是校外教育机构实现"双减"政策高效落地的重要载体，应深入剖析"双减"政策的本质内涵和校外教育在政策落地过程中的应为、可为。

1. 服务面更广。由于活动中心等校外教育机构在整个基础教育中所占的比例是很少的。区域几十个课外校外教育教师与区域学校数量和教师数量的悬殊，让我们从传统的、单一的学校课后服务中挣脱出来，思考如何发挥人、课程更多辐射面的问题。我们必须秉持一个人就是一支"队伍"的思想，发挥"杠杆"作用。

2. 服务资源更多。活动中心等体制内的校外教育机构需要继续加强区域校外课外优质资源高地和枢纽的建设，既然是"枢纽"的定位，就要为学校所需的课后服务资源做好对接与支持，这也是中心未来发展的新定位，为其他校外教育场馆、社会组织等参与课后服务提供参考，发挥教育引领作用。

3. 服务质量更优。在辐射面广、资源更多的基础上，校外教育机构对学校提供的支持，更要在服务的质量，即服务的程度上下功夫。目前，笔者所参与的课后服务课程的研发和实践还处于探索阶段，未来我们需要加强区校共建，通过更主动、紧密的合作和更多的学校展开这方面的研讨，组织区域学校课后服务课程的交流，继续相关的理论与实践的融合研究。

活动中心等校外教育机构作为区域素质教育的高地，可以主动肩负起多重角色，成为专业课后服务的开发者、设计者和实施者；多方功能主体的沟通者、协调者，未来甚至可以升级为课后服务的监测者和培训者。

巧用“三化”长效推进

——红领巾党史学习教育活动的区域实践

上海市闵行区青少年活动中心　郭敏怡

2021年“六一”前夕，习近平总书记在给江苏省淮安市新安小学的少先队员们回信中勉励少先队员：“结合自身成长实际学好党史，以英雄模范人物为榜样，从小坚定听党话、跟党走的决心，刻苦学习，树立理想，砥砺品格，增长本领，努力实现德智体美劳全面发展。”

在区级层面如何通过丰富的党史学习教育活动，培养少年儿童对党和祖国的朴素情感，强化对他们的政治启蒙和价值观塑造，推进红领巾学党史学习教育活动的常态化、长效化，具有重要的意义，是一项长期而又艰巨的任务。

一、深化社会“协同教育”，让党史学习设计系列化

青少年教育需要社会各方的协同支持。在红领巾党史学习教育活动中，闵行区少工委整合各方资源，充分发挥“五老”作用，联合闵行区关工委在“五老”辅导员队伍的“聚能”“辐射”下，深入开展“三代同心，共话百年——高举队旗跟党走”闵行区“百老进百校话百年”红领巾系列访谈交流展示活动，通过“走出去与请进来”相结合的方式，让队员在聆听与分享讲述红色故事中，传承红色基因。

（一）走出去请进来　开展“三项寻访”行动

寻访是当前党史学习教育活动的基本形式。结合青少年的特点，在“三代同心，共话百年”寻访活动板块，闵行区各校依托“三项寻访行动”，即“寻访老物件，感受百年史”“寻访老战士，畅想新时代”“寻访‘老队员’，共抒报国志”系列活动。在辅导员们的带领下，队员走出校门，寻找英雄人物、观摩老物件、聆听红色奋斗故事。

在近距离观察和现场聆听中,队员们感同身受,学习到了战士们英勇顽强、舍生忘死的革命精神。学习成果的分享与展示是帮助学生内化于形的产物,在环节设计上必不可少。

在活动过程中除了队员走出去开展寻访活动外,各校还积极邀请"五老"进学校、进队会。老战士们通过线下教育仪式或是线上云队会的形式,与队员们分享自己的革命故事。闵行区平南小学以"红领巾心向党,重温红色百年"为主题,以老战士的寻访活动为主要内容,开展爱党、爱国主题式升旗仪式与主题云队会课。仪式中,队员与辅导员老师共同讲述与老战士的访谈过程,通过亲身经历,讲好红色故事与百年历史,倡议全体队员牢记先锋寄语,珍惜美好生活,立志将个人理想追求融入实现中国梦的共同奋斗之中。

(二)发挥地域优势 构建红色研学活动课程

上海是中国共产党的诞生地、社会主义建设的重要基地、改革开放的前沿阵地,基本完整串联起中国共产党从孕育、创建到诞生的整个过程。闵行区作为上海的腹地,它坚守来时路、变革脚下路、幸福前行路,成为党史教育的鲜活素材。闵行区各校少工委引导孩子立足家乡闵行,主动寻找"家门口"的红色基地资源。深入开发"漕宝路七号桥碉堡""张充仁纪念馆""上海地铁博物馆"等场馆红色资源,充分挖掘人物精神,通过打造区域红色研学活动课程,推动红领巾党史学习教育活动的常态化、长效化。

红色基地是党史学习的重要资源,寻访红色基地不能停留在简单的"报到式"的打卡,更要引导队员进行"研学式"活动。根据少年儿童不同的年龄、心理特点和情感需求,队员"由小到大"地选择探究主题,"由近及远"地确定寻访地点,"由点连线"地开展寻访活动,由"访"到"思"。

二、重学习形式的趣味性,让党史学习方式更生动

有趣的形式可以让原本抽象的内容变得生动。红领巾党史学习教育需要用青少年喜闻乐见的话语体系和易于接受的轻快形式,让学习教育"动"起来、"活"起来、"立"起来,让青少年看得见、摸得着、感受得到。而红色经典文学作品和影视作品具有深刻的思想性、丰富的视觉性、鲜活的故事性,给人以价值引导、精神引领、审美启迪,是开展红领巾党史学习教育取之不尽、用之不竭的宝贵资源。

(一)立足儿童,挑选合适剧目

全区学校开展红色戏剧小品大赛。各校选拔队员创作和排演红色戏剧小品,在挑选剧目时,各校立足队员实际,挑选故事、人物鲜明,情绪饱满而真挚的剧目,以便队员理解和感悟,闵行区实验小学表演党史歌舞剧《半条被子》,罗阳小学排演《少年》,梅陇小学表演《一袋干粮》……

(二)多元形式,丰富情感共鸣

在党史剧目排练的过程中,为了引导演员们"真听、真看、真感觉",辅导员们找到多部描述那个时期的老电影,如《闪闪的红星》《党的女儿》等,选择相似场景的片段放映,并为队员们详细讲述当时的时代背景,以及故事的来龙去脉,分析先锋人物每一次语言与行动背后的思维活动。这样的"讲戏"帮助队员代入角色,使队员们直观地感受到党史故事背后所体现的丰富内涵,也通过最朴实简单的道理了解了什么是共产党,坚定了对历史的认同感以及表演时的信念感。

三、发挥"队员主体"作用,让党史学习成果有形化

青少年的党史学习教育活动要让青少年自己讲起来、说起来、演起来、传起来,在互动体验中实现教育效果。为了让党史学习教育活动深入队员心中,闵行区少工委结合智慧闵行新媒体开展"声入人心"红领巾讲党史活动,充分发挥队员的主体作用引导少先队员以讲促学,以学促行,让党史学习变得可见、可得、有形化,通过宣讲活动,让队员们在党史学习中成为小主人,获得成就感,从而不断增强党史学习的感染力和穿透力,推动党史学习教育在少先队员心中落地生根,开花结果。

(一)前期学习,铺垫基石

为了帮助队员们真正学好党史,了解中国共产党的发展历程,最后形成一份有质量的宣讲文字材料,闵行区各校少工委结合"红领巾小书虫"活动,拟定了党史学习书目,于假期前在活动菜单中推荐适宜学生年龄段的《草房子》《林海雪原》等红色书籍,通过线上和线下相结合的方式指导学生阅读并做好读书笔记,同时也广泛发动少先队员参与"红领巾爱学习",聆听学习同龄人的党史叙述范例,让他们在模仿学习同伴中学会党史宣讲的基本技巧。

（二）双轨并行，"声"入人心

在活动推广过程中，各校充分发挥红领巾阵地作用，通过红领巾广播、红领巾宣传橱窗等，对活动进行广泛宣传，号召全体少先队员围绕建党百年，参与到"线下现场宣讲""线上视频宣讲"党史活动中。有的队员们将党史故事搬到国旗下和队课上，还走向家庭和社区，让党史学习浸润每一个人的心田；有的队员录制"红领巾说党史""红领巾说红故事"视频上传至今日闵行 App 向全市少先队员展示、宣讲。这种成果展示方式打破了传统的教育模式，突破了空间与时间的局限，将线上与线下讲党史活动体验相互结合，充分发挥同伴教育的优势，让少先队员成为宣讲的主力军，通过队员影响队员，影响家庭和社区居民，"声入人心"，释放满满的正能量，也让队员在活动中有了获得感和体会到了成就感。

"红领巾心向党"系列党史学习教育活动，是将"党史学习教育"与"少先队主责主业"深度融合，通过生动活泼的形式，推进党史学习教育入脑入心。用红色基因滋养队员茁壮成长，它需要融于青少年成长的全过程。在系列化构建、生动化方式、有形化成果下，区域推进红领巾党史学习教育活动的常态化和长效化的探索和实践一直在路上！

基于项目化理念的中药文化课程开发和实践

上海市闵行区青少年活动中心　李慧丽

当前,面向中小学生的中医药课程资源,存在中医理论与当下校园学习的融合度欠缺,实效性较差等问题,而项目化学习理念避开了传统理论的教授和纯粹记背的教学模式,通过让学生们完成实际任务,主动探究了解相关知识,在实践中理解记背的相关内容。基于此,在开展校外课外中医药文化项目教学时,可把中药知识作为切入点,在项目化理念指导下开发中药文化课程,在任务驱动下激发学生学习中医药文化的同时主动理解中医药文化的内涵。

一、基于项目化理念开发中药文化课程的意义

(一)有助于零基础教师进行教学指导

中医药知识内容庞杂,中医药文化的思维方法、理论和概念都会让零基础者感到抽象和不确定,难以清晰而深入地理解。对于没有专业基础的中小学教师来说,若以传统讲授方式系统性指导中小学生学习中医药文化,难度较大。中医药和日常生活饮食有密切的关系,基于项目化理念开发的中药文化课程可以通过完成系列任务来学习中医药文化,这些任务内容与我们的日常生活都有关联性,教师能够根据生活经历和生活常识理解中医药文化,从而也能较为轻松地指导学生完成项目任务。

(二)有助于零基础学生产生学习兴趣

中小学生习惯于形象思维,纯粹的中医药文化偏文性内容的学习不但会让教师难教,学生们学习起来也会感到厌倦,并且“偏文”的特点对学习者的记背能力要

求非常高,这无疑又会给中小学生增加学习负担。但偏文性内容往往又体现了中医药文化的独特性,对青少年学生进一步认识中华优秀传统文化有重要意义,不宜删略。而基于项目化理念开发的中药文化课程把学生从聆听者转换为实践者,以完成实际任务为中心展开学习活动,极大地调动了学生的积极性、主动性,改变了中医药文化纯粹记背的学习模式,引导学生主动探究了解中医药知识,让学生学而不厌,觉得学有所用,激发他们的学习动机。

二、基于项目化理念的中药文化课程开发和实践路径分析

(一)中药文化课程开发宗旨

项目化理念下,为保证中药文化课程对中医药文化的学习有实效性,在培养学生中医药文化学习兴趣和不增加学业负担的原则下,中药文化课程开发需要明确宗旨,主要包括三个方面:①开发中药文化课程时,围绕中华传统文化的世界观、认识观、价值观和方法论设计项目内容,让学生在实践中感受到中华优秀传统文化是中医药文化的母体,影响着中医药理论与实践的方方面面;②联系生活、结合本地资源开发中药文化课程,让学生感受到中医药文化一直在我们身边,为我们的健康生活保驾护航;③开发中药文化课程设计项目任务时,关注学生的知识准备和实践材料的来源,保证学生完成任务实践的可行性,培养学生敢于实践、乐于自主解决问题和综合运用知识的能力。

(二)中药文化课程构建与实施途径

1. 基于虚拟药师岗位,开发项目化中药文化课程。中药从自然状态到临床用药依次需要经历采集、鉴定、炮制、制剂的过程。据此,项目化中药文化课程的开发可分为四个大项目板块,分别为“小小采药师”“小小鉴定师”“小小炮制师”“小小制剂师”四个虚拟岗位,这四个虚拟药师岗位分别需要完成中药采摘、鉴定、炮制和制剂方面的多个任务。

2. 基于任务具体化,开发中药文化课程。在“项目化”理念指导下,要为学生创设问题情境。据此,开发中药文化课程要在每个虚拟药师岗位上创设实际情境,设计多个具体小任务。例如,“小小采药师”岗位上的“金银花的采摘”、“小小鉴定师”的“八角和莽草的鉴别”、“小小炮制师”的“水飞炉甘石”、“小小制剂师”的“制大山楂丸”等,让学生在完成任务的过程中主动学习中医药知识,锻炼实践能力,提升对中

医药文化的理解。

3. 紧密联系生活，开发中药文化课程。中医药和饮食有密切的关系，中药文化来源于饮食文化，中药文化课程的开发围绕生活中的应用，设计问题情境，培养学生在生活中的实践技能以保证项目任务执行的有效，更能让学生觉得学有所用，激发学习的兴趣。

4. 开发"理论实践一体化"的中药文化课程。不同的中药技术有各自的理论，项目化的中药文化课程以四个虚拟药师岗位任务为中心构建基础、拓展、实践三个阶梯的实践体系。基础阶段包括中药技术理论和中药基础知识，拓展和实践阶梯都是以实践为主，学生在实践和项目任务驱动下学习理解相应的理论知识，达到理论实践一体化。

5. 基于目标达成，引导适合中药文化课程有效实施的"独立战队"。项目化的中药文化课程学习主体虽然是零基础的中小学生，但项目任务因涉及动手操作能力和安全性问题，所以需要根据学生生理规律和行为能力水平分析适合学习的年级段。检测来自不同年级段的社团学员的项目任务完成情况，判断项目适合的年级段，保证项目任务有效完成。

6. 基于社团战报，促进"实践与评价"的动态平衡。项目化的中药文化课程也离不开一些文科性内容，需要检测学生在实践中是否主动记背，通过任务单中问答的形式引导学生在实践中主动记背中药文化知识，并在任务完成后展示交流社团战报的方式，促进"实践与评价"动态平衡，对学生学习中药文科性内容起到驱动作用。

（三）中药文化课程实践结果分析

1. 中药文化学习实效性分析。中药项目化课程以四个虚拟药师岗位任务为中心，形成了课程项目开展的实践体系。这个实践体系包括基础、拓展、实践三个阶梯：基础阶段为每个项目任务实践所具备的中药基础知识；拓展阶段为项目任务实践前的技能练习内容，源于生活实践；实践阶段是与中药技术相关的实践小任务。这样的课程实践体系体现了"理论实践一体化"，激发了学生主动围绕项目任务展开对相关中药知识的学习和在实践中主动学习探究中药文化的兴趣，帮助学生构建了中药技术与中药文化知识之间的内部联系，保证学生有效完成中药文化课程的项目任务。在实践中，培育了学生的中医药文化素养。

2. 教师指导难易性分析。项目化理念指导下的中药文化课程开发紧密联系生活，项目任务的问题情境来自类似的生活场景，课程项目实践体系的拓展阶梯来自日常生活技能的练习。因此，教师可以结合自己的生活经验给予学生实践上的指导，也容易学习理解基础阶梯中的中药知识，比如，中药的“四气五味”“升降沉浮”等内容。基于课程项目实践体系的架构，教师可以以任务单为思维引导，任务单里可出现每个项目的中药基础知识，从而帮助学生厘清中药技术与中药文化知识之间的内部联系。

三、结语和展望

综上所述，项目化理念指导下的中药文化课程基于虚拟药师岗位，创设了有利于中药项目化推进的学习情境；基于具体任务，完成了理论实践一体化的中药文化知识的设计，促进了基础—拓展—探究学习品质的完善；源于实践，培育了学生的中医药文化素养；基于社团战报，促进“实践与评价”的动态平衡，有效驱动了学生对中药文化课程文科性知识的学习，帮助学生厘清了中药技术与文化理论之间的内部联系，实现中药文化课程目标的逐步有效达成。

后期结合中药文化课程的项目内容可开展一些实地参观、上海工匠访谈、模仿体验等活动，进一步促进学生对中医药文化的理解和认同。教师可以整合四个虚拟药师岗位项目中的内容，继续开发中药文化教育内容，比如，中药与饮食文化、本草典籍的文言文和药名的古诗文学习等，使中药文化学习内容更丰富、更深入，推动中医药文化进校园。

虚拟现实技术在“公交站台招投标项目”课程中的实践探索

上海市宝山区青少年活动中心　陈东豪

一、课程介绍

课程“公交站台招投标项目”是“双前沿课程平台”初中种子课程子项目，由上海市教育委员会教学研究室、上海师范大学科技策划与传播中心、上海科学技术出版社共同支持的中小学科创实践教育项目。课程编写符合《上海市中小学拓展型课程指导纲要》的基本要求。

作为一项工程类课题的课程，课程素材源于生活，以真实的科技创新任务、项目式学习课程设计为载体，将工程招投标贯穿整个教学活动，通过模拟项目招标，以生动的故事情节引出公交站台设计的主题；通过调查研究让学生了解目前的公交站台中存在的不足之处；通过头脑风暴让学生对自己心目中的公交站台提出设想，并完成方案设计；通过制作模型并搭建公交站台信息系统，将模型与三维全景虚拟现实技术相结合，为展示交流搭建平台，最后以模拟真实投标会的形式，完成对整个工程设计的评估。

本课程采用项目化学习的方式，以问题发现为引导，以项目任务发展为主线，构建生成性系列化学习任务体系。

二、虚拟现实技术背景

虚拟现实技术，就是利用计算机技术创建的虚拟模型和现实相结合的技术。具体而言即将“可实现的、难以实现的事物或环境，也包括根本无法实现的事物或环境，通过利用传感设备将虚拟现实中的视觉、听觉、触觉等感官的模拟线索传递给用户，使之产生仿佛实实在在置身于该环境的感觉”。《国家教育事业发展“十三五”规划》中指出，支持各级各类学校建设智慧校园，综合利用互联网、大数据、人工智能和虚拟现实技术探索未来教育新模式。

以往的教学以单向传递知识为主，师生的交互性不强，且受限于时间和空间。以虚拟现实技术为核心的教学与学习平台或系统，能够让学生更好地开展课前知识的预习、课后知识的复习、课后练习与反馈等活动，除了师生互动，更实现了丰富的人机交互。目前，虚拟现实技术在教育领域的发展尚不成熟，在课程开发与模式建构方面仍有待进一步探索。

三、虚拟现实技术在课程中的有效融合

课程“公交站台招投标项目”最后的投标会环节，学生需要通过模型演示展示介绍自己设计的公交站台。如果按照传统的课堂模式，学生将制作好的模型摆放在讲台上演示并说明，存在演示效果不佳、缺乏学生互动、评价不合理等情况。跟传统的课堂模式相比，虚拟现实技术融合了图像传感、三维立体显示、动态环境建模等技术，可将想象的场景直观呈现为三维虚拟仿真动画，实现身临其境的全方位、沉浸式直接感官刺激。可以很好地解决投标会环节中存在的问题，同时激发学生的学习兴趣，提高学生的课堂参与度。

（一）重塑课程内容　引入虚拟现实技术

在确定使用虚拟现实技术后，根据三维全景虚拟现实，即基于全景图像的真实场景虚拟现实技术，选择 VR 全景照片作为公交站模型的展示方式。

VR 全景照片是把相机环绕公交站台模型 360 度拍摄的一组或多组照片拼接成的一个全景图像，再通过计算机技术实现全方位互动式观看的真实场景还原展示方式，借助虚拟现实技术所建构的虚拟场景。学生在模型演示的过程中，能够实现比在物理世界更优化的认知和实践效果。

（二）巧设数字展示　扎实课堂实施

1. 情境体验，感受真知。课程“公交站台招投标项目”中投标会数字化演示环节，以 VR 全景照片为载体，为学习者创建更具真实性、体验性、交互性的虚实融合的学习环境。

了解新兴的多媒体技术,并尝试制作 VR 全景照片。将实物模型融入真实的环境,模仿身临其境的真实景象,一定可以吸引“客户”。教师和各投标小组将共同作为评审员为学生的投标方案打分。面对现场的反馈,做好临场应变,争取最终中标!

2. 发现问题,深入探究。当学生进入虚拟现实场景之中,能够缩短其与课堂教学之间的间隙并建立独特的情感连接,不仅能够产生强烈的情感体验,能更容易产生与课程的“共情与共振”。例如:我们设计的公交站台有哪些突出的亮点需要被全方位地展示出来?你希望为什么样的人进行展示,这些人需求哪些方面的信息?

3. 技术实习,展示交流。虚拟现实技术的有效融合既丰富了课程内容,也使其成为课程中投标会环节的亮点。简单来说,全景就是将多张图片或视频按照一定的投影方式进行拼接,最终形成一张 360 度围绕观察者图像。传统上的做法一般是将 2—8 张鱼眼图像或不定张数的普通照片进行拼合,拼合后可以生成球形全景图或者立方体全景图。为了便于操作,我们可以直接利用全景相机快速拍摄 VR 全景照片。优点是轻巧便携,操作简单,全景照片可直接输出,拍摄效果良好,适合一般大众使用。首先,我们将制作好的模型置于一个四周有环境布景的盒子中。然后,结合全景相机配套的手机应用软件,使用 VR 全景相机对模型进行不同角度的拍摄。接着,再进行简单的后期处理,将图片导入全景照片编辑软件中,对照片进行编辑组合。比如,图中可添加多个角度的场景,设置场景转换(主视、左视、俯视等),或者为同一场景增加不同效果的全景照片(日景、夜景、雨景等)。最后,将智能手机放在 VR 眼镜中,进入软件的 VR 模式结合手机自带的陀螺仪功能进行身临其境般的预览,佩戴在头上可以进行多角度的观察。我们将设计的公交站台做成了虚拟现实场景,还可以供所有人通过网络进行观看。

(三) 创设学习环境　促进深度学习

课程“公交站台招投标项目”中,当方案设计和实物模型都已准备妥当,离投标计划就只差最后一步了。让学生参加公交站台投标会,在竞标环节全方位展示自己的投标方案,能给“客户”留下深刻影响。除了实物模型外,学生借助虚拟现实技术展示自己所设计的公交站台,结合演讲展示等多种形式呈现自己的投标方案。

四、课程评价

在教学中可以采用学习单的方式组织教学。学习单可以按照科创活动环节设计，包括问题/需求学习单、文献/调查学习单、计划/方案学习单……，学习单的设计指向发展创新思维，思维导图法是活动中要学习使用的创新方法。学习单还起到体验自我反思评价的作用，“讨论”的安排就有反思的意味，反思不仅深化了思维导图，还提供了体验反思重要性的教学机会。

学习单，如完成纸盒 VR 眼镜的制作；使用全景相机拍摄并制作公交站台虚拟现实照片，用多张照片借助手机软件拼合成全景图像；通过 VR 软件在 VR 纸盒眼镜中观看所制作的全景照片。

表 1　公交站台 VR 展示评价

评价内容		A (3 分)	B (2 分)	C (1 分)
公交站台 VR 展示	制作简易 VR 眼镜			
	全景照片拍摄表现合理			
	能顺利呈现设计理念			
	全景照片编辑后期处理			

“公交站台招投标项目”课程设计中在投标展示环节引入 VR 全景照片，是虚拟现实技术在课程中一次有效融合的实践探索，通过本次实践探索，发现虚拟现实技术的引入增加了展示交流方式的多样性和内容的丰富性，增加了学生学习的趣味性和自主性，便于学生掌握，符合初中学生的认知特点和身心发育特点。

虚拟现实技术已经成为现代教育中一种非常重要的变革力量。相信在不久的将来，虚拟现实技术会融入工作、生活、学习等多方面的领域。本次开展的项目实践是实现教育信息化的有效尝试，有助于培养学生的跨学科思维、计算思维、问题解决能力和合作能力，从而提升学生的核心素养。

“五问五步”项目式学习主题系列活动课程的研究与开发

上海市宝山区青少年科普促进会　俞惊鸿　刘燕婷

在人类科学发展史中，涌现出众多基于自然和社会日常事物、现象和事件的科学发现和技术发明案例，这些案例揭示了人类认识世界的内在规律与科学研究的方法和路径，凝聚了科学家精神、方法和行动的丰富内涵，是人类可持续发展的学习源泉和精神财富。新时代学习者要以科学家的生活、学习和研究思维、方式和过程为榜样，基于自然和社会开展项目式学习，这也是校外教育面向未来培养创新人才的一种新的课程形态、教学策略和学习方式。

人民教育家陶行知指出：“自有人类以来，社会即学校，生活即教育。随手抓来都是活书，都是学问，都是本领。”为此，本课程以学习者视野为出发点，研究与开发一种具有“五问五步”特征的校外教育项目式学习活动课程。我们认为项目式学习是指：基于自然和社会生活，以改造世界和美好生活为目的，以问题发现为学习起点和主线，以解决问题过程中不断生成的专题系列任务为学习内容，在学习地图和资源支持下，选择和应用自主学习和团队合作等学习方式开展学习，构建个性化的项目式知识体系，引导学生与所学习项目建立联系，形成可持续探究有关项目的意愿、兴趣和特长。

“五问五步”是以“五问”为学习的逻辑起点，并贯穿在项目式学习全过程中，在“多维度、多层次和多节点”学习任务中发现、分析和解决问题；以“生活体验＋科学探究＋工程实践＋新知建构＋创新研究”为“五步”全场景课程结构及学习链路，引导学生建构“实践—认识—再实践—再认识”的方法论，让学生真正学会在真实生活和生产劳动中去思考、实践和创新，让学生成为知识的学习者和创造者。

一、"活的课堂",打造基于生活的"活的学材"

(一)课程项目主题

从学习者直接接触的经验领域出发,选择其感兴趣的"百姓日用而不知"之事物或现象,赋予学习者喜闻乐见的主题,架构主题下的系列活动,开发一个个主题鲜活又充满奥秘的跨学科综合性主题化的系列课程。

表1 主题系列课程

序号	经验领域	项目示例	主题示例
1	饮食用品	果酱、牛奶、咖啡、茶叶、酸菜等	茶叶的秘密等
2	生活物品	筷子、瓷碗、肥皂、布袋、管道、轮胎、报纸、吸管等	神奇的肥皂 吸管的妙用等
3	体育用具	篮球、跳绳、毽子、陀螺、滑板、滑梯、秋千等	奇妙的陀螺等
4	自然之物	水、木、石、沙、泥、土、火、空气等	木头上的创意等
5	动植物	昆虫、蚕、龟、猪、牛、树、稻、竹等	有趣的仿生昆虫等
6	交通工具	单车、汽车、轮船、飞机、地铁、高铁、磁悬浮列车等	自行车的创意设计与制作等
7	气象节气	元宵/灯笼、端午/粽子、中秋/月饼、重阳/糕点等	月饼的昨天、今天和明天等
8	城市与家园	吴淞口、苏州河、黄浦江、东方明珠、石库门等	上海门卫——吴淞口等
9	人文与自然	天安门、长城、长江、黄河、泰山等	世界第八奇迹——万里长城等

如陀螺是许多中小学生从小的"玩伴"既熟悉又充满未知的好奇,以"奇妙的陀螺"为课程主题有利引导学生投身基于实践经验的未知探究。目前,已开发"奇妙的陀螺""神奇的肥皂""有趣的仿生昆虫""茶的秘密""不一般的布"和"陶土超级变"等主题课程。

(二)课程逻辑结构

以"生活体验、科学探究、工程实践、新知建构和创新研究"为课程总体框架与逻辑结构,引导学生在生活经验或实践体验中,发现问题、产生需求和生成任务,以问题为起点、以需求为激励、以任务为驱动主动地开展“生活体验、科学探究、工程实践、新知建构和创新研究”“五问五步”全场景课程结构及学习链活动，学习科学家的探究方法、践行工程师的工程制造，体验创新研究和发明创造。如“奇妙的陀螺”由“陀螺真好玩”等 5 个专题及 15 项任务为逻辑结构和学习内容。

专题一“陀螺真好玩”，围绕“玩陀螺”和“做陀螺(简单陀螺)”进一步体验陀螺的奇妙及积累实践经历和有意义经验，在此感知基础上，引导学生学习和应用“五问”发现法和思维导图，初步构建围绕陀螺 5 个维度的“问题树/学习导图”，作为后续项目式自主学习的逻辑起点。

专题二“陀螺的科学探究”，主要探究陀螺的科学和技术问题，引导学生体验和学习科学家的探究精神和方法，同时鼓励学生对自己感兴趣的科学和技术问题进行拓展探究，以形成对陀螺的自我独特见解/个性化知识体系，为后期的陀螺设计、制作和创新研究等储备知识、技能、方法和经验等。

专题三“设计制作陀螺”，基于对陀螺的科学认识和技术掌握，本专题主要研究陀螺工程问题及体验和理解工程师研发的全过程。就是“以工程问题为主线，以科学为基础，综合应用于技术和数学等方面”提出可能解决的方案，开展陀螺的方案设计、加工制作和装配调试，并进一步进行创意改进等任务，以及通过陀螺对抗赛进一步发现陀螺更多的工程问题。

专题四“陀螺学习成果交流”，主要引导学生团队合作梳理和归纳前期有关陀螺 STEM 等问题，构建陀螺学习智慧树(即陀螺项目式个性化知识体系)，鼓励学生合作交流和经验分享，引导学生形成对陀螺的自我独特见解，真正成为知识的学习者和发现者。

专题五“陀螺的创新研究”，基于陀螺 STEM 独特认知开展以“小课题”和“小发明”为形式的创新研究和发明创造，引导学生体验和学习科学家与工程师开展课题研究的理念、方法和过程等，播下可持续研究陀螺 STEM 领域的“种子”。

(三) 课程编排样式

以“主题、专题和任务”为课程编排样式，学习材料由若干专题构成，专题又由系列任务组成，从而形成以“项目主题引领的专题系列任务”学习体系。各项任务都设有“问题导航、任务挑战、交流分享和课外活动”等内容栏目，并以“学习地图”为路径，引导学习者“多路径”生成自主学习活动。

(四) 课程学习资源和支架

课程配套学习资源包括"学习资源手册、视频和PPT课件、材料和工具等"。其中"学习资源手册",由"百宝之法""百科之知""百奇之问"等专题栏目构成,从"问题、方法、知识和技能"等维度多层次为学生自主学习提供丰富、及时和有力的"学习支架"。

二、"活的教法",引导学生学会面向未来的"活的学法"

(一) "活的教法"

本课程采用基于项目的"五问五步"教学方式,教师的教学角色应转变为"学习引导者、方法指导者和资源推介者",注重引导学生应用学习材料"学习地图"和"学习资源手册"等"学习支架"。教师的教学设计,以学生的主动学习为主,通过团队合作,逐步引导学生自学有关科学概念、原理、方法等去解决问题并形成结论,而从引导学生建构"个性化项目知识体系",形成可持续研究性学习的意愿、兴趣,提升对日常事务和现象的探究和认知水平。教学要将学习与主题或问题挂钩,使学习者投身于问题之中。教学设计真实性任务,强调把学习设置到复杂的、有意义的真实问题情景中,通过学习者的自主探究和合作来解决问题,从而学习隐含在问题背后的知识、技能和方法,形成解决问题的技能和自主学习的能力。

(二) "活的学法"

本课程项目式学习以"五问五步"为学习特征,以"五问"为学习起点,依托思维导图,在教师指导下引导学生多维度逐层探索STEM+等问题,建立"问题树"和绘制"学习导图",就是要学生以基于生活经验或实践体验中的问题为学习出发点,以"生活体验、科学探究、工程实践、构建新知和创新研究""五步结构"为学习主线。学生在发现和确定问题后,要在教师引导下选择学习路径和有关方法等去形成问题解决方案,并进行实施和归纳交流。在学习过程中,学生可以在"学习地图"的引导下讨论选择学习路径,在"学习资源"的支持下选择方法、学习知识和获取信息,促进学习向深层次发展(深度学习),不断生成新问题和新任务。

(三) 因材施教的组织方式

团队合作以小组合作方式为主,引导学生根据兴趣、能力、特长、活动需要明确分工。重视培养学生的团队领导力、自主参与意识与合作沟通能力，指导学生采用“翻转课堂”学习方式，以学习任务单的形式，在课前了解和自学有关知识性学习资源，在课中留出更多时间质疑和实践操作，在课后开展有关拓展活动。配套资源指导学生按照课程“学习地图”，配套使用《学习资源手册》和资源包等。

三、“活的知识”，引导学生学做知识的发现者

“五问五步”项目式学习源于真实生活，以问题发现为起点，以“学习地图”为自主学习路径，经过“五问五步”全场景深度学习，引导学习者建构“陀螺智慧树”——“以主题为核心的个性化项目式认知体系”，让学习者与项目建立可持续研究性学习关系，形成项目学习的意愿、兴趣和特长。如每个学生会对陀螺产生不同的认知，创意和创新就可能在这个性化的知情意行中产生。

聚焦引导学生成为知识的学习者和发现者，“五问”问题发现、“五步”学习过程和“项目智慧树”等是评价的主要内容，同时采用“学生自评、小组互评和教师评价”相结合的评价方式，并设计相关评价表。

基于农业特色资源的劳动教育课程开发与实践

——以“东方假日田园”劳动教育实践基地为例

上海市宝山区青少年科普促进会　徐　群

随着大中小学劳动教育政策接连出台，劳动教育已成为中小学必修课程之一，也为上海市中小学校“缺乏开放性、多样化劳动教育实践场所”这一难题提供了解决问题的明确方向和有效思路。宝山区青少年活动中心作为校外教育专业指导机构，将劳动育人要求融入校内外教育活动设计中，注重校内外劳动教育实践基地的开发，建构家庭、学校、基地全领域劳动教育资源，促进劳动教育的纵向衔接、横向贯通，形成多元立体、丰富适切的劳动教育学习空间。

一、以“社会化资源”建设中小学生劳动教育实践基地

“东方假日田园”是一所以“农业、农俗和农村”为特色，极具浓厚乡土气息、充满田园风光的农业生态园，也是上海市科普教育基地和国家AAA景区。该园位于上海名镇“金罗店”，占地面积600亩（1亩约为666平方米），整个园区由“农业馆、农俗馆、特色农业生产区、农作物观赏区、农业科技区”等景点组成。在本中心指导下，园区领导重视挖掘中华上下五千多年的农耕文明，秉持“沉浸式体验乡村生活”原则，遵循“耕读文化传承、乡村文化研学、劳动教育体验”策略，将农业生态园开发成中小学劳动教育实践基地，并根据学生的年龄、特征及对事物的适应能力，设计“耕读文化、民风民俗、劳动体验、非遗体验”等不同层次的劳动教育项目。

“耕读文化”篇：通过参观“农业馆、农俗馆、农作物观赏区”等，了解农业发展史，探究最新技术成果，体会农耕文化内涵。

“民风民俗”篇：配置与农耕相关的农事活动，如喂养家禽家畜、磨豆浆、掰玉米

等,让学生深入了解农耕文化及农业知识。

“劳动体验”篇:开展农事耕种、植物移栽、种瓜点豆等,让学生亲身体验农业农作物,在寓教于乐中体会农事的艰辛。

“非遗体验”篇:利用罗店当地的非遗项目,如“罗店龙船”(第一批国家级非物质文化遗产)、“罗店彩灯”(入选上海市非物质文化遗产名录)、天花玉露霜、罗店鱼圆、罗店公大酱制品、罗店版画(被列入宝山区非物质文化遗产代表性项目)等,让学生了解家乡非遗文化,感受传统文化的魅力。

二、以“多样化主题”开发中小学生劳动教育系列课程

劳动教育在实施过程中,需要融通课内与课外、家庭与社会的多种资源。“东方假日田园”全力探索“走进乡村、走向田野、亲近农民、走入心灵”的中小学生劳动教育系列课程。开发设计“‘小农夫’探究农业发展史”“‘小农夫’体验农村民俗”“‘小农夫’学种大棚菜田”“‘小农夫’把菜园搬回家”“校园‘小农夫’在行动”五个主题系列活动。每个主题又设有相应的参观、听讲、体验、实验、实践、讨论、评比、自主学习、合作活动、探究活动等课内课外的学习和活动,并配有“学农活动单和评价单”,为青少年走近田园、亲近大自然创造机会。

在青菜、红萝卜等的成长中让学生了解基本农作物的生长环境,学习和实践种植和培育的科技知识,在体验和活动中享受劳动带来的快乐,让劳动教育的理想和目标融于生命意识里、生活实践中,让学生真正“学有所思,行有所获”,获得课堂上学不到的知识,以及适应终身发展和社会发展需要的必备品格和关键能力。

三、以“实践化体验”逐步认识农业、农村和农民大众

以“劳动实践”为主渠道,让学生走出学校围墙,亲近自然。通过任务驱动、情境探究、实践检验、协作分享等方式,引导学生主动参与劳动实践,合作制订劳动方案,记录劳动过程,交流劳动感想,把观察、阅读、数据采集、资料检索、研究设计、作品创制、劳动作业、沟通协作、问题解决、创新创造等融为一体,体悟劳动的价值,让学生们意识到教室内的学习和课外学习都是一项艰苦而有意义的劳动。以“校园‘小农夫’在行动”主题为例,区内某小学利用校内劳动基地,让每个班级都有属于自己的

"自留地",通过前期参观培训,开展"青菜种植"大比拼活动。在领到种子后,利用劳动课和劳动社团活动,学生们动手体验松土、挖沟、撒种、埋土、浇水等一系列劳动技能,体验田间农作物劳动的快乐,在亲近自然、锻炼技能的同时,开拓视野,增长知识。自从种下种子后,学生的心间也播种了一粒"责任"的种子。时常看到学生们三五成群地聚在班级"自留地"中,仔细观察、用心呵护,将小青菜的生长变化记录下来……青菜收获后,学校把采摘来的青菜让学生们带回家,用自己的劳动成果精心为家人准备一顿丰盛的晚餐。回到家后的学生们择菜、洗菜、切菜、炒菜,忙得不亦乐乎,充分展示了娴熟的劳动技能。整个活动不仅让同学们感受到中华传统农耕文化的魅力,体会丰收的喜悦,更体会到劳动人民的了不起。

四、以"项目化生产"积累劳动经历、经验和学会各种劳动技能

纸上得来终觉浅,绝知此事要躬行。我们把育人融入社会、自然等丰富的劳动教育活动中,通过"前置学习、现场实践、总结反思"等项目式学习,确保劳动教育的科学系统性。以"学做现代'小菜农'"项目为例,通过"蔬菜种植的秘密、蔬菜种植小能手、蔬菜种植研究员、争做现代'小菜农'"四个活动,让学生在蔬菜生长、成熟中完成自身知识的转化,在劳动实践中培养热爱生活、劳动光荣的意识,得到能力锻炼。其中"蔬菜种植的秘密"活动,让学生通过参观,了解种植蔬菜时需要的知识,并以小组为单位,开展蔬菜知识"网上冲浪",查询有关蔬菜的分类、蔬菜的生长发育时期及蔬菜种植的注意事项等,把现实接触与体验和书本上的知识进行印证,获得具体而实际的感受,从而得出结论——"原来它是这个样子的"。"蔬菜种植小能手"活动则需要亲手种植并观察记录蔬菜生长过程。当大家拿起工具在阳光下劳作时,才知道美好生活的来之不易,学会珍惜,学会感恩,悟得生命的存在与社会千丝万缕的联系,才会在这样的生活情境中获得提升与进步。"蔬菜种植研究员"活动,从"种植蔬菜时遇到的问题"出发,设计实验验证方法,通过综合运用已有经验的研究性学习,使学生获得收集、分析、利用信息的能力,发现问题与解决问题的能力,合作与社会交往的能力。"争做现代'小菜农'"活动,则通过"成果展示会"的形式,让学生分享表达自己的新鲜感受和理性认知,让学生在多向、有效的交往互动中获得生动、活泼、主动的发展,完成内化于心到外显其形的学习过程,形成真正属于自己的能力。

五、以“表现性评价”树立劳动观念和养成劳动习惯

劳动教育的核心价值在于以学生的全面发展为本，培养创新精神和实践能力。我们从家庭、学校、基地三个空间进行协同，采用“家长评价、教师评价、自我评价及生生评价”等路径，关注学生在真实劳动情境中的任务解决过程，给学生反思的弹性空间。家庭是劳动教育的起点。“家长评价”，让家长从多个方面对孩子进行描述性评价，比如，孩子对参与的劳动兴趣、在活动中投入的时间和精力，对劳动过程和相关作品的看法等，包括让家长督促孩子进行劳动实践以及对家庭教育的引导，养成自主劳动的良好习惯。学校是劳动教育的阵地。“教师评价”让教师设计前置性任务，使学生有机会充分展示自己任务完成的过程，观察学生综合运用所学知识解决问题的能力，深入了解每个学生的学习劳动状况，给予及时的引导和帮助，培养学生互相合作的精神。基地是劳动教育的终点。“自我评价及生生评价”将参加基地活动的评价项目和标准等制作成表格，由学生自我评价或相互之间评价后填写。活动将学生的学习与教育置于真实的自然、社会、生活情景中，促进教育与生活的联系，让学生在劳动体验中开拓视野、陶冶情操、形成技能、发展个性，促进素质地全面提升。

基于农业特色资源的劳动教育课程开发与实践，让学生在劳动中学，在劳动中悟，寓教于乐，舒展身心，让教育的过程更有真实性、更具持久力、更富生命力，以教育最美的姿态通向幸福的人生境界。

论思维与技法在绘画创作中的连接

上海市嘉定区青少年活动中心　甘　怡

在艺术领域，审美先于表达，表达先于造型，造型先于技法，思维与创意才是艺术的本质，技法只是工具，空有技法的绘画艺术，好比缺失了灵魂的躯壳。

美育不仅以培养兴趣、发展思维、锻炼造型能力为目的，更要为孩子们的一生打开一扇窗，这扇窗户能看到未知的世界，知识积累的过程有时会带来很多约束，而美育就是要打破约束，放飞想象，让创造力自由流淌。没有模式化，没有僵硬感，孩子可以无拘无束，恣意发挥，感受自我表达的自由。

一、技法是服务思维的工具

技法永远是服务思维的工具，对于一张白纸的孩子来说，比学习技法更重要的是对于思维体系的培养，理解艺术的本质，理解思维与技法之间的关系。有些作品看不懂不代表它不好，艺术本来就是超前的，是对人类未来发展的启迪。心态要开放，尽可能多地去了解接受新的事物。

（一）素描不是必经之路

在美术类的习得过程中，家长往往认为素描学习是必经之路，不可否认素描对锻炼孩子观察能力和造型能力的必要性。大师对素描技法的纯熟把控让他们笔下的人物惟妙惟肖，观者能够从对五官的传神刻画中感受到人物的情绪与性格，从对肌肉线条的细腻雕琢中体会到形体与比例带来的美感。但“中式素描”囫囵吞枣式的训练实则是禁锢孩子创新思维的枷锁。

（二）“像”不是唯一标准

孩子大一点了可以学习一些美术表现技法和原理，这能帮助他们更好地表达出自己的想法，甚至某些技法和原理本身就能作为创意的出发点。比如，在建筑里，单是对透视和视线的研究就激发了很多有趣的创意建筑作品。绘画创作需要技法的支持，但技法只是多元能力之一。很多家长甚至教师仍然把画得“像不像”当作黄金定律。这种教育观念，实在落后太多，“像”的评判标准是浇灭孩子艺术热情的冷雨。我们需要的不是符合标准的纯熟应试技巧，而是更多元、大胆、具有开创性思维的作品和想法。绘画创作是基于对当下社会性问题的思考和表达，探寻跨文化的交流，而不是机械地没有灵魂的产出作品。

二、思维是带动技法的关键

思维的一个特点是隐性，不仅别人看不见，自己也看不见。这个思维，是设计创新思维，是空间思维，是审美判断力，而当这些真正走在技法前面，让技法成为服务思维的工具，作品就有了灵魂，变得有趣起来。

（一）思维需要细致的观察

创造力不会从天而降，也没有人能凭空作出好的创作，创作都是来自对生活细心的观察，敏感是艺术家必备的特质之一，眼到之后手到才有意义。所以作为老师，我们要教给学生的不是告诉他们怎么画，或者照着老师的画，而是观察事物独特的视角和将观察转化为创造力的思维方法。有些孩子一直喜欢临摹，在没有碰到懂的人去引导的情况下，选择好的作品、值得临摹的作品就非常重要。因为这些作品都是艺术家在自己的观察基础上做过二次处理的，所以这个二次处理的质量是关键，慢慢地可以尝试把各种临摹过、练习过的东西融合到创作中。这是非常好的学习方式，是有目的性的临摹，有思考的临摹，而不是为了临摹而临摹。下一步则需要将那些通过观察而来的、原始的、未经艺术处理的东西融会贯通到创作之中，就又跨越了一个台阶，这个台阶要慢慢跨，有一定程度的积累，才能从量变到质变。

从老师的教学角度看，在毫无积淀的情况下，让学生一笔一画对照着临摹，或是画枯燥的石膏几何形体，其实忽略了实地观察和创作者的深入思考，学生看似学会了如何画画，实际却忽略了要用画画来表达自己的所思所想。作为老师启迪思维远比传递技法更为重要。虽然创造力不会从天而降，但如果学生学会了细心观察，拥有了一双“发现的眼睛”，他们就可以随时打开脑洞，创作出独一无二的、有趣的画作。一切生活中的事物，我们所处的自然，大到宇宙、天空、海洋，小到每一片叶子、每一只小虫;我们的家、我们遇见的人和事;我们每一天每一分每一秒所经历的感受、我们的情绪、我们的呼吸,都能与我们的心灵产生共振。如果我们能捕捉到它们,并用手中的画笔描绘出它们的质感、它们的纹理、它们的色彩、它们的情绪,它们就能成为我们创作的源泉。

(二)思维需要落实到表达

绘画创作需要思维、表达、技法三个部分的连续性结合。创作过程中首先通过大量视频画面的作品鉴赏和语言的共同引导,使思维落实到视觉表达上。这里说的视觉表达不是技法,是探索如何以画面表达思维,是关于构成、色彩这些艺术与审美本质的学习。而技法是关于某种特定方式、特定材料使用的技能学习。它同样很重要,但不可本末倒置。在充分理解思维和表达的基础上,学生再进行材料技法的尝试反而常常会带来惊喜。所以,在绘画创作的辅导过程中,老师的功夫很多是花在了画画之外,学生的收获也远不止画画本身。

(三)思维需要训练方法的融合

思维训练是培养学生充分发挥艺术想象力而进行创作的必不可少的环节之一。绘画创作中的思维方法有:联想思维、逆向思维、仿生思维、整合思维等。因此,思维的训练可以从想象和联想的训练入手,创作的过程中,联想与想象是记忆的提炼、升华、扩展和创造,而不是简单的再现。在这个过程中产生的一个设想导致另外一个设想或更多设想的产生,从而不断地创作出新的作品。以图形创意训练为例,我们选取自然界中的一片树叶作为创作题材,学生通过观察、思考和一系列的联想,创作出众多别具特色的艺术造型。由叶而产生形的联想,如手、花、小鸟、山脉等;由叶的质感产生意的联想,如轻柔、飘逸、旋转、甜美、润泽和生命等。通过联想等将大脑中存储的已有知识、经验、信息聚合起来,进行二次或者新的创作。通过线条、色彩、造型、光影等语言来承载学生们的创意。教师也可以给学生们出一些联想创作的练习题目,给出数个看似毫无联系的概念,充分发挥学生的想象和联想能力,把它们有机地联系起来,用语言、画笔进行最佳的表现。这样的训练能够培养学生广泛联想的能力,使艺术思维的创造力能够得到最大限度的发挥。可见学生的想象力除了天赋之外,后天的训练也是举足轻重的。要让学生积极地开动脑筋,针对绘画创作中的主题、类型、手法、思想内涵、形式美感和色彩表现等方面充分展开想象的翅膀,发挥绘画创作的想象能力,不拘泥于个别的经验和现实,让自己的思维遨游于无限的想象之中。

三、思维与技法的连接

思维带动技法，技法服务于思维，这个顺序不能乱。学生的每张作品都应该有着区别于他人的、独特的思维和创意，而这种创意不仅仅是孩子的天马行空，而是通过从思维到技法的方法推进发展而来，最后再以适合的表达方式和技法呈现在纸上，作品有了灵魂，自然也就不同了。心智渐成、羽翼渐丰的少年对于客观世界有较为全面的认知，有较强的逻辑思维能力，内心情感极度敏锐丰富，他们对于世界的观察、思考、感悟需要一个自由的出口畅快地表达出来，绘画就是这个强有力的表达载体。所以老师需要强调从思维到表达再到技法，这样一个从无到有，发展创意、呈现创意的完整艺术实践过程。

我们评价学生画好的标准是什么？评价成功的定义又是什么？孩子学艺术是为了什么？是为了画得像某某一样好吗？是为了升学加分吗？我想孩子学艺术是为了更好地表达出心中的情感，是为了开拓思维眼界，敢于改变和创造这个世界，是为了在观察描绘自然中获得快乐，是为了帮助他展现自己的天赋。绘画带来的成就感和自尊自爱，会久久刻在他的记忆里，任凭人生跌宕起伏，谁也拿不走。绘画的本质就是创造和表达，而教育的意义更在于解放、启迪自由创造的心灵。

“双减”背景下课后服务中《乐创学堂》的升级赋能

上海市嘉定区青少年活动中心　葛英姿

为积极响应“双减”背景下的教育发展需求，作为公办校外教育机构之一的嘉定区青少年活动中心积极行动，面向全体教职工出台《活动中心延时课后服务入校活动方案》，为学校课后服务输送科技、艺术和群文等教学活动。嘉定OM学科基地积极响应“活动方案”，开设《乐创学堂》栏目，面向小学三四年级、初中六七年级的学生，设计系列“科学创意活动”教学内容。栏目内容除了参与课后服务外，还为适龄学生和科技社团提供服务，满足“零起点”学生需求和教育均衡化发展。

一、《乐创学堂》栏目理念与内涵

为使栏目中的科学创意活动教学内容具有科学性、趣味性、实践性、赛事性和广谱性，基地教师首先需要通过学习，不断提升专业素养。

1. 认真学习“项目课程指南”核心素养和目标。基地教师集中学习“上海市校外教育OM/DI创意实践项目课程指南”，深刻理解核心素养内涵，努力践行“立德树人”根本任务，同时明确项目课程目标，通过教学活动引发学生兴趣，培养创意思维、实践能力和合作能力等。在“项目课程指南”引领下，教师梳理OM赛题，用国内外科技教育的先进理念来设计科学创意活动，为课后服务提供丰富的教学内容。

2. 深化教学活动特色“玩中学科学”。对照“项目课程指南”要求，根据OM学科基地教学活动特色“玩中学科学”，提出开设结合学科特点的科学创意活动——《乐创学堂》栏目。为契合“玩中学科学”理念，倡导以杜威“做中学”理论和建构主义理论为指导，以“玩”为基本特点，以项目化学习为主要载体，以科学素养培育为活动目标，突出玩学结合、思行结合、动悟结合、说演结合。此栏目针对OM赛题等进行改编、拓展与创意构思，按照循序渐进、由浅入深、螺旋上升的原则，以驱动性问题任务的项目化学习形式开展学习探究。

二、《乐创学堂》栏目思考与设计

在“项目课程指南”和“玩中学科学”教学特色的引领下，基地教师对已有 OM 课程进行分析和思考，结合学生课后服务需求，挖掘栏目的生长点、趣味性和教育性，力求为学生课后服务提供鲜活素材。

1. 教学目标契合项目指南要求。按照“项目课程指南”要求，教师把教学目标建在学生的“最近发展区”上，科学创意活动——《乐创学堂》栏目主要教学目标由四个部分组成：

(1) 概念认知——能够熟悉各个主题运用的各种简易材料，在有趣的驱动性问题任务引领下的真实问题情境中，感受动手解决问题任务的意义和乐趣，对动手制作类任务的解决路径形成比较客观、系统的认知。

(2) 创意设计——能够对动手制作任务进行发散思考和分析讨论，设计出相对完整、便于实践、分工明确、具有可行性的操作方案。

(3) 动手实践——根据设计方案进行动手实践操作和尝试，在自主探究中不断调整和完善解题策略。

(4) 测量评价——根据任务要求进行测试和评分，通过分享交流进一步提升解题策略，提升团队合作的有效性和默契度。

2. 主题任务设计体现趣味探究。教师针对《乐创学堂》栏目内容进行开发和设计，形成 20 多个的主题任务，每个主题任务有四个阶梯上升的“子活动任务”，主要模块有“创意热身”“创意设计”“创意延伸”“创意拓展”，涉及工程结构类的建构内容，注重跨学科知识的融合。任务以驱动性问题呈现，充满趣味性和挑战性，让学生团队在“玩中学科学”的实践中进行更深入地试验与探究、展示与交流。

3. 教辅材料选择需简易便利。选择常见的简易材料，如 A4 纸、吸管、纸牌和报纸等；辅助材料，如双面胶、回形针、胶水等，主要工具有剪刀、直尺、订书机等。材料和工具的选择需方便教师和学生事先做好准备，又可以重复操作使用，让教师和学生能够多次深入地进行设计制作和练习，使活动能够面向全体学生。此外，简易材料的非常规运用可以在实践中提升学生学习兴趣和内驱力，打开了思维的广度和深度，例如，用 A4 纸搭建桥梁结构，用吸管和牙签搭建承重结构等。

表 1 《乐创学堂》栏目科学创意活动主题任务(部分)

序号	主题任务	序号	主题任务
1	小小纸牌能搭成多高的塔?	6	小小 A4 纸能传递信号吗?
2	小小纸牌船能承受多少枚硬币?	7	小小 A4 纸能做出多大一个圈?
3	小小 A4 纸能旋转降落吗?	8	小小 A4 纸能滑翔多远?
4	小小 A4 纸能转动多长时间?	9	小小 A4 纸能旋转飞行吗?
5	小小 A4 纸能制成多高的斜塔?	10	小小 A4 纸能折返飞行吗?

三、《乐创学堂》栏目实施与推进

在活动中心和学校的支持下,教师通常在下午 3:30 到学校开展课后服务。教师把《乐创学堂》栏目内容课程化后,开展科学创意活动的教学工作。

1. 驱动性问题激发学生求知欲。在教学中首先以真实生活情境引入教学,以驱动性问题任务引导学生团队合作,在"玩"中开展项目化学习的动手操作与实践,同时又把驱动性问题分解成多个有梯度、循序渐进的子任务,形成学习支架,通过小组讨论设计方案,再进行尝试制作、修正展示等。教师在教学中根据课时的安排,既可以删减"子任务"活动,也可以增加和拓展"子任务"活动的深度和广度,使科学创意活动更具趣味性和探究性。

2. 信息化辅助提升教学有效性。教师积极采用信息技术辅助教学,灵活有趣又有较强画面感的课件和视频等使栏目教学活动的知识点明确呈现,设计制作过程的重点和难点一一突破,提高了学生的学习热情和课堂学习气氛。如借助希沃白板和实物投影仪等。教师通过课件使学生更快地进入动手创意制作的学习实践探究中,更好地提升了学生的制作技能,丰富了学生的解题策略。

3. 多元化评价激励学习持久性。教师针对"项目课程指南"中核心素养的要求,以多元化方式开展评价,通过自评表、互评表、教师评价表等开展多维度评价。评价贯穿学生整个学习过程,激励学生更好、更持久地参与科学创意活动,让学生在自主探究中不断开展深度学习。在各个主题任务的教学中,授课教师还可以设计针对性的教学评价。

四、《乐创学堂》栏目升级与赋能

因课后服务需求催生了科学创意活动——《乐创学堂》栏目,教师在教学实践中通过耕耘与研究获得新的增长点和发展方向。

1.《乐创学堂》栏目服务面升级。栏目在基地教师学校的学生中进行试点教学,在反复的修改和实践中,栏目也从“幕后”走向“幕前”。栏目得到《动手做报》的大力支持,从2021年10月中旬起,陆续在《动手做报》第三版刊登教师们设计的科学创意活动,《乐创学堂》栏目使科学创意活动能够面向更多中小学生,同时也为更多教师提供指导学生开展科学创意活动的素材。

2.教师团队专业素养赋能。通过深入学校课后服务,OM学科基地教师团队不但在赛题课程化的道路上孜孜耕耘,还在科学创意活动的课堂教学中实践与反思,在行动研究中不断提升科学创意活动的质量。基地教师在团队建设中提升着彼此间的认同度和亲近感,相互之间进行着紧密的分享、互动、对话、协商及合作,形成一个紧密联系的共同体。基地让教师有了强烈的归属感和向心力,在同伴互助中获得成长,培育了良好的伙伴情谊。

《乐创学堂》栏目通过系列科学创意活动不断地深入课后服务和学生科技社团活动,为更多学生在“330”以后的课后服务注入新的活动内容,实现科学创意活动的规模化和普及化。同时也为更多学有余力的学生提供更好的学习平台,帮助教师选拔优秀学生进入各类科技社团,使学生科学创意设计与实践能力不断被激发、被驱动、被融合,呈现从量变到质变的转化。

实施“五育并举　融合育人”，突破书法课堂美育界线

上海市金山区青少年活动中心　沈旖初

2019年，中共中央、国务院印发了《关于深化教育教学改革全面提高义务教育质量的意见》，提出了坚持“五育”并举，强调突出德育实效、提升智育水平、强化体育锻炼、增强美育熏陶、加强劳动教育，以此全面发展素质教育。“五育”融合已经成为新时代中国教育变革与发展的基本趋势，学校教育应坚持“立德树人”根本任务，追求育人价值、教学价值、社会价值的融合。如何在优秀传统文化书法教学中，深入贯彻五育融合，提高教育教学质量，使书法课堂教学变得更加有意义，笔者做了以下思考与尝试。

一、思想提升，引导教学方向

进入“五育”融合时代之后的新美育体系，迫切要求转变教师的传统教育思想，书法教育不能仅将写好一个字、写好一幅书法作品作为评价标准，在“自我封闭”中与其他各育“老死不相往来”，眼里有“美”，但没有德、智、体和劳，更缺少融会贯通意识等，应当从思维惯性中走出来。笔者通过“美育＋”融合模式，将书法小故事或名家作品融入课堂中，在激发学生学习兴趣的同时，进行德育渗透，发掘书法中的德育作用，用以引导孩子们树立高尚的人品。

案例：《折扇扇面学习——惠风和畅》

视频播放《题扇桥》的故事：在一个炎热的夏季，王羲之路过一座石桥，有位老奶奶正在辛苦地叫卖扇子，虽然卖得便宜却无人问津，王羲之想要帮助老婆婆，随即在扇子上题字且以高价叫卖，不一会扇子就卖完了。后人为了纪念这一善举就将此桥命名为“题扇桥”。

师:“王羲之为老婆婆的扇子题字,使老婆婆很快卖完了扇子,有了收入。从这件事情中,你想到了什么?”

生:“王羲之的字写得好,所以人们都愿意买。”

生:“王羲之是个有爱心的人,愿意帮助穷苦的老婆婆。”

师:“没错,王羲之这样做,体现了他高尚的品格。清代的书法理论家刘熙载说:‘书者,如也。如其学,如其才,如其志,总之曰如其人而已。’也就是说,书法不是单纯的笔墨艺术,还充分体现了书写者的人格精神。同学们,我们要向王羲之学习,书法学习不但要把字写好,还要有高尚的品格,心正才能笔正。你们想不想笔正呢?”

学生异口同声地回答:“想!”

上述案例中,笔者通过王羲之《题扇桥》的故事,使学生对书法有了更深入的理解,在学生的心中埋下了品德在书法中的重要作用的种子。

二、突破美育,提升课堂质量

《国家中长期教育改革和发展规划纲要(2010—2020年)》中提出全面实施素质教育,继承与弘扬中华民族优秀文化。现在越来越多的开始采用“电子阅卷”,对学生的书写规范等有了更高的要求,学习书法的学生越来越多。但是部分教师在日常书法教学中为了应对小学阶段毕业时的书法统考,只是让学生单纯的临摹练习,长此以往,学生学习书法的热情逐渐减退,渐渐自己不会思考,缺乏学习动力,造成恶性循环。笔者在教学中运用“美育+”融合模式,打破枯燥的书法课堂,激发出课堂活力。

案例:《写福卡 迎新年——天下第一福》

在“比一比”环节,对比楷书与行书福字时,笔者出示了两个字的对比图,提问学生:“让我们来观察一下,楷书福字与行书福字在笔画、结构上有什么区别?”话音刚落,许多同学就争先恐后地发言:“楷书的笔画书写得很清楚,而行书的笔画是连起来的。”

师:“是的,同学们都看出了最明显的一点不同,还有其他的不同之处吗?老师在你们的座位上放了两个字的对比图和一些小工具,请以四人小组为单位一起来找一找吧!”

学生们立马来了精神,热火朝天地讨论起来,有的小组利用直尺对比长宽,有的小组的一位同学将两个字重叠举高,其他组员则透过光影更仔细地进行对比,有的小组用红笔将笔画都勾描了一遍,以便于更清楚地对比笔画的粗细……这一刻书法课堂"活"了起来。学生通过细致观察,积极动脑思考,在观察中运用多种感官用心体验,多元化、多维度地解决问题正是智育的体现。小组学习使得学生学会合作,建立起更深厚的友谊。这是潜移默化地将德育渗透进课堂。学生自己动手操作,使用不同的方法对比行书福字与楷书福字的不同之处,这也是劳育在课堂中的作用。"美育+"融合模式使得书法课堂的内容更加丰富多彩,课堂效果有了质的飞跃。

三、评价开放,凸显学生主体地位

评价是伴随书法教学全过程的,笔者认为在评价中也可以运用"美育+"的融合模式,选用学生学习成果的素材,提出学生感兴趣的话题,唤起他们更高效的学习投入,进一步激发学生的参与热情,提高学生观察、创造美的能力。

案例:《写福卡　迎新年——天下第一福》

在评价环节笔者将课堂完全交给学生,孩子们热情地把自己的作品贴到黑板上。通过讨论,评出他们认为的最美福。

师:"请留步,采访一下小评委们,为什么你们选择了这个福字作为最美福?"

生:"因为它比起其他的福字笔画粗细更合适,结构写得也更正确。而旁边的福字,一个笔画太细了,一个字太大了,所以我选择了中间的福字作为最美福。"

生:"因为我觉得这个福字比我写得好。"孩子们的点评质朴且简单,但也反映出他们有一双发现美的眼睛。

师:"感谢小评委们,那么,我们有请最美福的作者来说说你是怎么把福字写好的呢?你对天下第一福的美有没有一些自己感受?"笔者引导学生再一次理解天下第一福的内涵。

获奖学生道:"我写的时候特别注意了字的结构,所以福字看起来很和谐,我认为天下第一福的美不仅仅在写得好,还在于它有很特别的寓意,包含了五种福气:多福、多子、多才、多田、多寿,所以它才是天下第一的福字!"

师:"你说得非常好!同学们,外观的美只是一方面,有内涵才能够流芳百世,做人正如天下第一福,我们也应当不断地充实自己,成为心中有知识,脑中有智慧的人!"

在上述案例中,评价的开放给了课堂更大的自由度,学生通过互评、自评,提高了审美能力,通过观察、对比、思考,培养了智育。教师则充当引导者的角色,时刻不忘德育与美育的融合,让孩子们能够在正确的学习道路上坚定地往下走。

四、多维度展示,助推五育融合

课堂的学习成果展示是教学的一种延伸,是集"德、智、体、美、劳"五育融合的载体,因此必不可少。笔者利用寒暑假举办学生书法作品展览。每一次展览都是学生的一次自我突破,谁也不想自己的作品在展览中比同学们差。在准备时,他们自然会动脑设计,勤思多练。并且参与展览布置,打扫展厅卫生。参展促进了学生德、智、体、美、劳全面发展。笔者还利用春节带领学生走进社区,开展趣味盎然的写春联、送春联活动,让学生体验学习书法别样的乐趣。小小春联使学生与社区居民的心紧紧相连,他们尽自己所能为千家万户写春联、送春联,虽然书写、赠送要花费很多时间、脑力、体力,但是他们心里有说不出的荣耀,为自己能写一手好字而高兴,为自己能为大家尽一点微薄的力量而自豪。

结合校园文化建设,在班级里,学生自己亲手布置书法文化墙,提高动手能力,且每隔一段时间更换,每位学生都积极争取上墙展示;在校园中,学校创建了"快闪艺术展",每个月都有不同的主题,孩子们积极性非常高,很多孩子的作品登上了展示的平台增强了他们学习书法的信心,也提升了他们各方面的能力。

美国著名的心理学家伯尔赫斯・弗雷德里克・斯金纳曾说:"当所学的东西都忘掉之后,剩下的就是教育。"书法教学要突破美育界限,不局限于挖掘和展现美育自身的独特育人价值,运用"美育+"融合模式,实现从"美"到"人"的转变,通过"以美育人"和"以美化人",真正做到书法与美相遇,做到五育融会于传统文化,也将德、智、体、美、劳潜移默化到每个学生的内心。

校外国画网络课程资源开发和建设的实践研究

上海市青浦区青少年活动中心　倪　俊

疫情背景下实施的在线教学给教育带来了深刻变革。2021年“双减”政策落地实施，上海市教育系统校外教育单位艺术课堂也在广泛征集课堂视频、互联网和电视台等传统与新媒体资源，为学生开拓视野、全面发展、实践锻炼提供平台。各区也在探索校内外课程资源的利用整合，将优质的校外课程资源服务于学校，提供给学生学习。对于比较成熟的校外课程，研究开发线上课程，这能突破教学活动时空界限，做到校内外课程资源共享和利用，使师生教学沟通更便捷。

一、内涵和意义

校外国画网络课程资源的开发和建设是在校办学理念和育人目标价值取向引领下，遵从师生共同发展愿景，进行网络课程设计，以学生为本，关注学生学情、兴趣、个性等。通过前期问卷调查，开发线上课程内容，研究实施方法、策略、评价等，建构适用校外国画课程的网络教学。作为较为成熟的校外线下国画课程《乐学国画》两册教材于2021年由上海少儿出版社出版发行，同时开发匹配的线上网络课程资源，通过推广和普及，使其受益于更多的学生，让经典国粹艺术焕发出时代的生命力。

在学校教育中，资源是指一切有利于实现课程目标的条件和因素。基础教育课程改革提出要积极开发并合理利用校内外各种资源。对校本美术课程的资源开发与利用的研究和探索，成为目前美术学科教育研究的一个重要领域。充分利用现有网络媒介平台的长处，研究线上、线下课程教学资源有效融合和分配，在补充和拓展中相互促进。能适应时代的需要、疫情时期的需要，更能在信息时代背景和社会环境下,特别是“双减”政策下,使校外传统国画课程更好地服务学校、服务学生、服务社会。

二、合理进行校外国画网络课程设计

(一)制定合适的网络国画课程目标

以“快乐学国画”为例:①根据中国画学习的特点和要求,使课程线上、线下学习同步,互为关联、互为补充;②根据学生年龄特点和认知水平,分级分层设计国画网络课程框架,通过拍视频、拣选整合以及制作微课等,开发适合学生国画学习的网络教学资源;③建立有效的网络教学途径和学生在线学习、辅导的互动交流方式;④创建网络学习平台,建立资源库,拓展学习空间……同时对中小学校内美术课和艺术课中涉及的中国画学习内容进行整理和分析,使校内外学习相结合,拓展开发相应的网络课程资源等。

(二)设定在线课程目标

根据《上海市校外教育项目课程指南(艺术分册)》指导制定课程目标:①建立国画网络学习平台,让学生对中国画历史文化有广泛、深入的学习,从而产生兴趣和认同感;②拍摄中国画技能微课、短视频等资源,并在小程序、公众号上推送,使学生更及时、便捷地学习掌握国画知识、技能;③开发网络画展,电子画册、教材,以及图片素材的资源,并进行在线分享学习,开阔学生眼界,提升审美,提高自主学习和创作能力等。

(三)“以学为中心”的资源建设

“以学为中心”即在线教学时,所有的课堂活动和教学资源要以学生为中心,为学生提供和创设适合其认知、发展的教学资源,帮助学生形成学习的内动力和积极的学习心态。在课程内容资源选择和构建上,我将资源板块分为:线上电子教材、技能视频、微课、电子画册、线上展览、国画历史、知识资讯等。按资源种类分为:①动态资源:短视频拍摄、微课等。②静态资源:a.电子教材、电子画册;b.图片资源——学习照片、素材,教师范作、图例,学生作品图例等;c.线上云展览等;d.国画历史文化、知识、资讯等。③生成资源:学生作业、学练视频等。

三、网络课程教学中重视资源开发和实施的质效

校本课程重在兴趣培养与能力发展，丰富多样的课程信息呈现与传递方式是学生学习兴趣的保证，也能促进学生的能力发展。

(一) 采用多样化的网络教学途径，促进师生联系和沟通

充分利用现有的网络教学平台优势，进行计划、设计和安排，开发、补充和拓展学习资源，有序推进，呈现序列性、系列性、适切性和丰富性。如微信公众号、班级微信群、腾讯课堂、百度网盘等，形成课程资源的多种教学方式。我在网络国画课程资源的开发中尝试了以下几种做法：

1. 供学单向方式：以老师为主的资源给予，将国画知识和技能要点的图文、微课、技能技法视频、学练活动视频等资源发布在微信公众号等网络平台，供学生学习。

2. 信息双向交流：建立以班级为单位的学习微信群，进行交流和作业反馈，在小程序上进行作品上传、留言、评价和问卷调查等。

3. 线上、线下同步：①老师在教室、直播间、家里进行远程上课，亦可同步录制；②线下边上课边录制等。

(二) 强化课程教学在线反馈评价，重视评价的激励作用

互联网平台与教学的有机配合，能及时了解学生的反馈信息。重视过程性评价，提倡多元化、丰富多样的在线评价方法，如利用小程序，限时对学生的国画作品进行在线投票，对教师、课程内容在线评价，学习效果线上测试，作品上传、网络评点等。本人亦开展了小程序线上上传作品评价的案例研究，记录了课后网络评价方面的情况和实施效果。

(三) 开发线上课程资源学习平台，创新网络教学方式

教师是教学活动的设计者、组织者，学生是学习活动的引领者。学生在线学习，增强了学生学习的自主性，减弱了教师对学生学习的控制性，因而教师要研究学生线上学习的新型师生关系，帮助学生建立以自主、自学为主的学习方式。网络国画课程开发则要为学生搭建一个能自主学习的资源平台，为学生提供“云”学习空

间。线上教学资源的丰富性和结构化是保证教学质量的前提,为此,我搭建了中国画学习微信公众号“少儿国画 meiyi01”,微信小程序“美益少儿国画”,创建了纯粹的学生网络国画学习空间。“少儿国画 meiyi01”微信公众号有即时性、时效性、常态化等优点。推送内容包括国画学习文章、国画技法视频、竞赛信息等。“美益少儿国画”微信小程序相当于素材库平台,有活动照片、作品展示、投票、问卷等功能,学生、家长能全面了解课程。我尝试了学生国画作品排行投票,以及公益课堂“精彩的童画世界”问卷、提交信息、作业照片、数据统计等功能。此外,依托校园网,我建立了“绿韵”云平台资源库等。

四、学无止境,网络技术的学习和使用为在线教学保驾护航

线上、线下融合的教学新常态对教师的能力提出了新的要求。在互联网时代,不缺资源,缺的是找到为我所用的资源的能力,满足学生的个性化需求。这些资源的开发,需要教师不断学习和掌握新技术,如图片处理,拍摄视频、录屏、剪辑,微课制作,直播教学等。在研究过程中我制作了 10 多节微课(每节课 10 分钟左右),实践直播课“一起来画冰墩墩”“虎年画虎”等,通过直播平台进行在线教学。多节微课在学习强国、绿色青浦、青浦教育等媒体平台、公众号上播放。2021 年寒假,上海市素质教育优质公益课堂资源平台录用本人开发的“梅花双勾和点玊”微课,经统计全市学生点击量和学习数据获得 TOP1 的好成绩。

通过实践和研究,我看到了网络平台教学具有便捷、广泛等优势,但需要日常的维护、更新补充。网络也是双刃剑,国画网络课程资源存在无限的开发前景,在线教学的便捷,信息技术学习要与时俱进。在线教育也存在师生互动方面的缺陷,不过我相信随着研究和实践的深入,肯定会在人机交互、网络互动方面有更好的体验、媒体支持和发展。

校外少儿音乐剧课程开发与实施的实践与思考

上海市青浦区青少年活动中心　康而达

音乐剧是源于欧美，融戏剧、声乐、舞蹈于一体的综合表演艺术，在我国虽属新兴艺术形式，但早在1920年黎锦晖的儿童歌舞剧和1945年《时代报》中，“音乐剧”一词就出现在上海。我国的音乐剧最早是在上海与孩子们结下的缘分，深厚的上海文化底蕴给予了本土音乐剧优质的基因，也赋予了少儿音乐剧发展的土壤。但就少儿音乐剧教育而言，现今还存在着一些问题：课程缺乏理论体系与指导文献，教师缺乏专业引领与操作能力，学生缺乏表现意识与创新培养。由于少儿音乐剧长期被“简单化”操作，甚至以“歌伴舞”或“舞蹈假唱”等形式出现在学生面前，且有些学生长期习惯于“拿来”知识，缺乏自主创新意识，更缺乏有效的创新途径等问题，学生对于音乐剧缺乏正确认知，也使得少儿音乐剧课程的发展相对滞后。

从音乐剧的流行到少儿音乐剧在我国的普及，呼之欲出的少儿音乐剧课程建设正处在一个重要的历史拐点，笔者以前期实践为铺垫，以实际成效为基础，对该课程进行开发与实施。所谓音乐剧课程，是指以校外中小学生为主体，在专题化、项目化、实验化课程模块中，运用基础训练、游戏、创编等课程形式，解放少儿音乐表演天性的课程。

一、音乐剧课程目标与核心素养

发挥课程育人功能，以“立德树人”为根本任务，激发学生的想象力、创造力、表现力，培养学生的观察力、理解力、协作力与社会责任感，重点培育学生的音乐剧感知、审美情趣、创意实践、文化理解四个方面的核心素养，引导学生的正确价值观念，提升学生必备品格和关键能力。

第一，学生能够掌握音乐剧基础知识与理念，在声乐、舞蹈、表演各项技能协同发展中，提炼综合艺术实力，形成扎实的音乐剧技能与正确的音乐剧感知。第二，学生能够感受音乐剧魅力，体验其表演方式、创作品位、团队协作之美，在刻画角色、创造美感中展现积极、健康的风貌，形成良好的审美情趣与艺术品鉴力，形成高尚的价值取向与道德修养。第三，学生在音乐剧创作中敢于探索，用个性特长来表达自我，在创新与实践中提升想象力、表现力、创造力等思维品质，塑造健全人格。第四，学生既能以国际视野横向了解中外音乐剧本土化发展，也能以文化自信纵向挖掘我国优秀底蕴，在尊重音乐剧多元文化中，拥有打造原创的志趣情怀和实践能力，增强国家认同感，为少儿音乐剧本土化探索做出努力。

二、音乐剧课程内容

按照递进关系分为：经典片段、微型剧目、创编实践，分别对照专题化、项目化、实验化课程模块。三者可循序渐进，也可根据学生情况穿插学习或排演。

（一）经典片段——专题化课程

以经典、标志性的音乐剧为单元，将声乐、舞蹈、表演按照每单元突出一项或几项的比例作为核心片段进行教学，扎实学生各科基本功能力，每学期学习三个单元，属于初级课程。如第二单元“玛蒂尔达”——酷酷女孩奇遇记，学习歌曲《等我长大》。这些经典片段可选自少儿音乐剧，也可选自其他音乐剧中适合少儿学习的内容。学生既从片段中学习到音乐剧技能，又能以小见大形成探索全剧的延续，在音乐剧历史、美学、制作等文化知识中开阔眼界，强化学生对每一部音乐剧的整体认知，并为后续的原创与改编剧目做准备。

（二）微型剧目——项目化课程

以微型音乐剧为课程，即整剧时长在 12 分钟以内的原创或改编剧目。与以时长为 2 小时左右的商演剧目不同，其在较短时限内融合歌、舞、演，并表现一个完整且有寓意的故事，故整体结构小而精。该课程重点整合学生音乐剧综合能力，每学期学习一个剧目，属于中级课程。此类剧目，可在较短时间内给予学生亲历一部完整音乐剧带来的成就感，体验角色塑造的整体性与连续性，激发学生以更开放和投入的状态来面对角色的创新与挑战，如《精灵计划》《报童学校》等一批荣获上海市

一、二等奖的作品，这些作品也是笔者为践行少儿音乐剧本土化发展，拓展学生创编思维做出的实践。

（三）创编实践——实验化课程

以生成性的无剧本创编为内容，属于高级课程。首先，由教师给出一个故事主题，学生思考故事内容并即兴讲故事，再将内容串联后确定故事框架。然后，将故事分成若干小段，根据学生人数和角色分组即兴表演。学生可表演同一片段进行横向比赛，也可按照故事顺序进行纵向连接，直至形成剧本。最后，师生共同寻找与剧情相配且风格近似的背景音乐与伴奏，并将之融入故事。这其中，学生经历讲故事、演故事、完成故事、匹配音乐的实践过程，以本色出演确定角色特点，使角色立体、富有个性，进而提高学生生成学习能力，发挥团队凝聚力，引导学生对故事格调有正确的价值取向。

三、音乐剧课程实施与评价

（一）课程实施

1. 以经典促感知。通过专题化课程学习，学生从经典中挖掘音乐剧内涵，在欣赏与模仿中，感悟音乐剧角色塑造、表现形式、艺术语言等综合性特点，通过对多部音乐剧的学习，巩固对音乐剧概念、类型、属性等基本理念的感知。

2. 以沉浸促审美。运用多媒体、角色扮演与团队游戏等手段，引导学生在欣赏与沉浸中体验音乐剧的舞台震撼力和冲击力，体会每部音乐剧的故事氛围与作品格调，提升学生对音乐剧美的表现力和鉴赏力，发展其音乐剧审美品位。

3. 以训练促能力。以最具代表性的唱段、舞段或台词段落作为学习内容，根据侧重点，扎实训练学生声乐、舞蹈、表演各项基础知识和技能，再以剧目排演为手段整合学生三项能力，进而突出学生以歌舞展现故事，并在表演中有角色感的完成歌舞的能力，形成音乐剧综合技能与表现力。

4. 以实践促创意。通过排练、演出、创编等实践活动，激发学生发展个性思维，在师生、生生互动中大胆尝试角色塑造，积极表现角色独特性。尤其在创编实践中注重细节把握，在推理故事、分析角色、推动剧情中发挥想象，能够富有创造性地完成角色扮演。

5. 以文化促理解。解析中外音乐剧重要的历史事件，促进学生对著名艺术家、制作人等历史人物的了解,对具有重要标志和里程碑式剧目的学习,横向理解中外音乐剧本土化发展过程,学习各自优长,引领学生热爱祖国,在打造原创音乐剧的过程中,逐步形成文化理解。

（二）课程评价

提倡多元化的评价方式,即学生自主性评价,教师指导性点评、过程性评价和结果性评价。变统一、单一性为差异、趣味性的评价。

四、思考与展望

孩子们与音乐剧从上海起步,在上海发展,未来也将在上海腾飞,这需要几代人的努力,也需要更多人的合力。但有时难免存在教师独立教学的情况,其既要训练学生唱、跳、演单科技能,又要顾全音乐剧完整结构,课讲浅了学生能力得不到提升,课讲深了又不能面面俱到。所以,笔者开发此课程不仅为了寻求普遍性规律,也为了能找到特殊性答案。那就是,运用模块化构建课程,在专题化、项目化、实验化课程中,发挥音乐剧综合性特点,体现模块化综合性提炼,提高学生音乐剧能力,发展其音乐剧思维,在发挥课程育人功能,强化学科核心素养培育中体现"课程模块化,模块综合化"的课程理念。而校外教育的专业化、个性化、创新化等特征,正好为该课程带来了优势,为孩子们的成长提供了动能。孩子们在角色中探索自我,在团队中了解自我,在创造中信任自我,在成长中塑造自我,将阳光健康与乐趣情怀延伸到学习生活的方方面面。他们不但没有落下功课,反而都是学校、班里的佼佼者,而且还获得上海市多项团体、单项艺术赛事的一、二等奖,在市、区级舞台上展现了自身魅力。毫不夸张地说,孩子们做到了文化艺术双丰收,也让音乐剧成为他们的名片。

区域青少年戏剧联盟发展模式的研究

上海市奉贤区青少年活动中心　黄　燕

青春飞扬，涌动着奉贤学子七彩成长的美好梦想；和润贤韵，昭示着奉贤教育走向品质的跨越发展。为实现"自然、活力、和润"南上海品质教育的战略目标，进一步加强区域内学生总体艺术水平的提高，积极贯彻落实《奉贤区中小学生艺术素质测评工作实施方案(试行)》，我们积极构建区校"两级"联动工作体系，以共同发展为纽带，组建区域戏剧联盟学校，实现区校合作，资源共享、优势互补。

一、区域戏剧联盟学校发展现状

为了有效推进中小学生艺术(戏剧)素养，凝聚艺术力量，区教育局牵头成立区域戏剧学校联盟发展工作委员会，积极推进中小学戏剧艺术的教学、互动交流与比赛展演，提升学生戏剧艺术修养。联盟学校涵盖各个阶段以及区青少年活动中心，学校分别有：奉贤中学、致远高级中学、工业中专、尚同中学、思言小学、肖塘小学、青村小学、教院附小、金水苑小学、古华小学、江海一小 11 所学校，同时，成立了由教育局分管局长及各联盟学校校长和戏剧老师作为组员的戏剧联盟学校工作领导小组。为了便于工作的沟通与交流，领导小组在定期开展工作研讨的基础上，还建立了微信群等工作交流新模式，实现信息的互通互享。

二、区域戏剧联盟建设初显成效

区青少年活动中心学生艺术团戏剧团作为区域戏剧联盟体的牵头单位，发挥龙头引领作用，通过师资培训、教育交流、演出活动和各种资源共享形成合力，以点带面，推动全区校外艺术教育的发展。

（一）让教师教学素养有提升

学生戏剧艺术修养的提升，关键在于教师的教学与指导。为了提升联盟学校戏剧教师的教学素养，青少年活动中心戏剧组积极牵头组织，确保每学期活动科学有序开展。通过专题培训、聆听学术报告、观摩戏剧表演等，不断拓展学校戏剧教师的艺术修养和教学技能，促进教师的专业发展。2019 年组织戏剧联盟体教师观摩上海话剧艺术中心的话剧《废物联盟》，同年带领联盟体部分骨干教师前往乌镇戏剧节观摩话剧《幺幺洞捌》；2020 年组织中小学戏剧骨干教师赴九棵树未来艺术中心观摩王珮瑜《乱弹》京昆演音会，并参加了多个专家讲座：张伟品教授（博士生导师）《聆听古中国的歌——中国传统戏曲鉴赏》、姜涛副教授《戏剧表演理论与实践》，参加了多个指导性学术研讨会，对中小学戏剧教育改革的新趋势以及社会戏剧教育的未来发展作了议题讨论。

（二）让高雅艺术进校园

为了提高中小学生的戏剧艺术修养，我们积极将高雅艺术融入学生的校园生活之中，在联盟体学校内积极组织了高雅艺术进校园活动，通过请专家做艺术教育讲座、走出校园观摩市级精彩剧目，让更多的中小学生走进戏剧艺术，感受戏剧魅力，享受高雅艺术。2019 年至 2021 年，学生们走进剧场观摩了奉贤山歌剧《向阳花开》、青春国潮舞台剧《永远闪闪的红星》、原创话剧《沧海桑田》、现代昆剧《自有后来人》等，我们还特邀上海戏剧学院导演系副教授、硕士生导师张佳蕾老师为联盟体的师生们举行了名为“校园剧创编”的精品讲座。讲座内容非常专业又深入浅出，让大家了解了校园剧创编的基本知识，有助于今后更好地赏析和鉴赏优秀的戏剧作品，获益匪浅。

（三）让学生登上市级舞台

为了提升青少年的文化艺术修养，推动学校艺术发展，青少年活动中心搭建学生戏剧展演的平台，让学生登上更高的舞台，展演中不断提升戏剧艺术表现力。

近两年中，青少年活动中心积极带领区域内具有戏剧特长的学生及团队参加各类艺术交流展示活动，登上上海戏剧学院实验剧场，给孩子提供更大、更广阔的展示交流平台。截至目前，我区戏剧联盟学校学生登上市级舞台及各类赛事平台的小演员近 120 人次，观摩展示活动高达 500 人次，特别是肖塘小学的京剧、青村小学的黄梅戏、思言小学的越剧等精彩节目，可谓是区域戏剧联盟体的高规格的亮相。

三、区域戏剧联盟学校发展思路

围绕区教育局组建学校发展联盟工作要求，区域戏剧联盟体学校将通过一系列具有科学性、延续性、前瞻性的实践举措，扎实推进各种形式的活动，全面提升区域戏剧联盟体学校艺术水准。

（一）完善联盟联席制度

联盟体学校由区青少年活动中心牵头，日常工作由联盟体负责人负责，各联盟单位通过协商一致的方式共同拟定奉贤区戏剧联盟体学校联盟章程，并开展相应工作。联盟体每年推选轮值主席主持联盟体年度相关工作。各联盟体单位指派一名联络员负责日常联络，联络员必须是管理各校戏剧工作的负责人。联盟体办公室根据工作需要，不定期召开戏剧联盟学校联络员会议，交流各联盟体单位的工作情况，研究推进联盟体确定的工作计划和任务，协调共同参与的相关活动。发挥“塔尖”团队的引领示范作用，以点带面，加强先进团队管理建设经验的总结、推广、辐射，以此实现资源共享、优势互补、互惠共赢，增强各校整体实力的目的。

（二）为联盟梯队搭建平台

随着奉贤区“品牌”计划培育学校（项目）不断推进，国粹京剧作为我区美育工程重点项目之一，得到了教育局领导和各基层学校领导的高度重视。在肖塘小学京剧项目的示范与引领下，此次又有金水苑小学、解放路小学、庄行学校、钱桥学校、柘林学校、肖塘中学等 6 所学校成功申报京剧特色实验校，以上学校除了部分是联盟体学校外，其余学校也都是联盟体单位的优秀梯队成员。戏剧联盟体根据 6 所特色实验校的开展情况，为其在“区第六届学生活动节闭幕式”演出和“奉贤青少年庆祝建党百年专场活动”中搭建联谊平台，韵味十足的戏曲联唱《梨园小花竞相艳》获得全场好评，检验教学质量的同时又为初学京剧的学生提供展示风采的舞台以及更浓厚的艺术学习氛围。

（三）特色品牌，榜样引领

肖塘小学作为区域戏剧联盟体学校的首批优秀成员单位，立足于学生终身发展，着眼于学生综合素质的提高，在传承优秀传统文化的过程中，走出了一条特色办学之路。2014 年开始京剧进校园实践，成立了"小梨园"少儿京剧社团，聘请京剧专家和专业教师来校授课，多年来培养了一批小演员和京剧小戏迷。"京剧"进校园经过 7 年多的实践探索，给肖塘小学特色发展带来了勃勃生机。作为"京剧进校园"项目中第一个吃螃蟹的联盟体单位，已经为联盟中的兄弟单位作出了榜样和引领，其特色魅力正带动同社区的肖塘幼儿园和肖塘中学两所学校，也先后开展京剧进校园的项目。计划 2023 年将由肖塘小学开设一场主题为"京剧特色校一日游"的开放展示活动，将从校园文化、课程建设、社团建设等几方面来汇报展示，届时将邀请戏剧联盟体学校的师生参与观摩活动。

（四）丰富实践经验，展现联盟魅力

接受文化市场的检验是体现艺术教育水准的一面镜子，目前联盟的常规活动有区学生活动节戏剧专场展示、上海少儿戏曲"小白玉兰"称号评选、上海市民文化节校园中华戏曲大赛、社区共建单位联谊活动等。联盟体将继续加强与各相关政府机构和公益组织对接，走出校园，走进社区，走进社会文化市场、接触社会，让学生的艺术风采展现在更多观众面前，展示在更广阔的舞台，促使各联盟单位增进友谊、开阔眼界、丰富实战经验，从而进一步发挥戏剧联盟体平台的效应，打造一张更为耀眼的文化名片。

近年来，我区初步构建了校级、区级不同层次的学生戏剧联盟体的结构，也取得了点滴成绩。立足未来，戏剧联盟体将进一步提升自身凝聚力，为有效提升戏剧联盟的质效，注重工作的总结与反思，学期末和年末各召开一次区域戏剧联盟体合作交流联席会，总结一学期和一年来合作交流工作情况，肯定成绩，指出不足，明确努力方向。积极发挥评价奖励机制，对联盟体合作交流中做出突出贡献的个人及单位给予表彰奖励。同时，我们将借鉴其他专业联盟体合作交流工作中好的做法，积累经验，反思不足，力求形成区域戏剧联盟合作交流工作的长效机制，促进学校艺术教育的新成长、新发展。

图书在版编目(CIP)数据

实践与创新 ：上海市校外课外教育探索成果集．七 / 上海市中小学幼儿教师奖励基金会，上海市校外教育协会，上海市科技艺术教育中心编 .— 上海 ：上海社会科学院出版社，2023
ISBN 978 - 7 - 5520 - 4062 - 3

Ⅰ．①实… Ⅱ．①上… ②上… ③上… Ⅲ．①校外教育—上海—文集 Ⅳ．①G779.2 - 53

中国国家版本馆 CIP 数据核字(2023)第 039680 号

实践与创新(七)——上海市校外课外教育探索成果集

编　　者：上海市中小学幼儿教师奖励基金会
　　　　　上海市校外教育协会
　　　　　上海市科技艺术教育中心
责任编辑：周　萌
封面设计：梁业礼
出版发行：上海社会科学院出版社
　　　　　上海顺昌路 622 号　邮编 200025
　　　　　电话总机 021 - 63315947　销售热线 021 - 53063735
　　　　　http：//www．sassp．cn　E-mail：sassp@sassp．cn
照　　排：南京理工出版信息技术有限公司
印　　刷：上海万卷印刷股份有限公司
开　　本：710 毫米×1010 毫米　1/16
印　　张：12
插　　页：1
字　　数：211 千
版　　次：2023 年 4 月第 1 版　2023 年 4 月第 1 次印刷

ISBN 978 - 7 - 5520 - 4062 - 3/G • 1245　定价：65.00 元